돈은 하늘에서 떨어지지 않는다

독일식 자녀 용돈 교육법

카린 아른트

유영미 옮김

東文選

독일식 자녀 용돈 교육법

돈은 하늘에서 떨어지지 않는다

Karin Arndt

Geld fällt nicht vom Himmel
Wie Kinder lernen, mit Geld umzugehen

1997 Urania-Ravensburger in der
Dornier Medienholding GmbH, Berlin

This edition was published by arrangement with
Ravensburger Buchverlag, Berlin
through Access Korea Literary Agency, Seoul

차 례

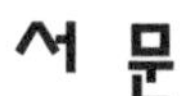

서 문

돈은 하늘에서 떨어지지 않는다. 하지만 아이들의 호주머니와 통장에는 돈이 넘치고 있으며, 기업과 광고회사는 아이들의 돈을 끌어모으기 위해 엄청난 돈을 투자하고 있다. 통계에 따르면 지난 10년간 기업에서는 아동용품이, 은행에서는 아동구좌가 꾸준히 신장세를 유지했다고 한다.

오늘날 우리는 광고의 홍수 속에 살고 있으며, 우리가 방심하고 있는 사이 기업들은 슬그머니 아이들의 가슴속에 들어와 마음을 뒤흔들어 놓고 있다. 심지어 부모들은 옷을 사달라며 스포츠 브랜드를 줄줄이 꿰는 아들과, 자신이 원하는 물건을 똑부러지게 말하는 딸을 내심 대견해하기까지 한다.

미국 가정의 구매 실태를 조사한 결과, 아이들은 용돈의 2배 이상에 해당하는 구매력을 갖고 있었다. 비단 미국만 그런 것이 아니다. 독일 역시 아이들의 구매력이 연간 2백 70억 마르크에 달하고 있다. 결코 새삼스러운 사실은 아니다. 그러나 상황을 직시하고, 아이들을 소비 시장과 대중매체 시장에 무방비 상태로 내맡기지 말아야 할 것이다.

아이들은 언제부터 돈이라는 개념을 이해할까? 용돈은 몇 살 때부터, 얼마씩 주어야 할까? 용돈 관리를 전적으로 아이들 재량에 맡겨야 할까? 아이들이 자신의 바람을 관철

시키기 위해 부모에게 구사하는 전략은 어떤 것일까? 성적이 좋거나 가사일을 도왔다고 용돈을 주는 것은 어떨까? 아이가 용돈을 절약하지 않고 마구 써버릴 때는 어떻게 할까?

나는 이런 문제들의 해답을 얻기 위해 아이들과 부모들, 학자들과 교육자들에게 조언을 구하고 여러 통계와 논문, 책과 잡지를 살펴보았다. 그리고 이런 문제들을 해결하는 데 도움이 될 많은 내용을 발견했다. 그러나 가장 실제적이고 좋은 방법들은 바로 당사자인 아이들에게서 나왔다.

오늘날 학교에서 수학과 쓰기·읽기를 배우고 집으로 돌아온 아이들은, 학교 숙제·학원·과외 활동으로 바쁜 오후를 보낸다. 초등학교 아이들이 텔레비전을 볼 시간쯤 되면 어린이 프로는 이미 끝난 상태다. 아이들은 평일에는 보통 저녁 6시부터 9시까지, 토요일에는 오후 4시부터 밤 10까지 텔레비전을 본다. 어린이 방송을 놓치고 초저녁 프로만 보는 것이다. 나와 인터뷰한 8세에서 14세까지의 아이들 중 텔레비전 연속극을 보지 않은 아이는 단 한 명도 없었다! 연속극은 유행을 창조하고, 구매욕을 불러일으킨다. 광고만 그런 것이 아니다. 사실 어린이들이 성인 프로그램을 즐겨 보는 것은 어제 오늘 일이 아니다. 그러나 이런 현상이 새삼스레 문제가 되는 것은, 우리가 그들에게 물려 준 극도로 소비지향적인 사회구조 때문이다.

오늘날 자녀가 부모에게 경제적으로 의존해 있는 기간은 역사상 그 어느 때보다 길다. 하지만 유년 시절은 그 어느 때보다 짧다. 아이들은 12,3세만 되면 친구를 찾아 집을 뛰쳐나간다. 유년기를 벗어나 자기 정체성을 찾기 시작한 것이다. 부모는 신세대 아이들의 이러한 행동에 어떻게 대처

해야 할지 난감해한다. 그러나 그럼에도 신세대 아이들 역시 가족간의 유대와 부모의 보살핌을 필요로 한다는 것을 잊지 말아야 한다. 아이들에게는 정서적이고 물질적인 뒷받침이 필요하다.

극도의 소비지향적 사회에서 오디오나 자전거, 극장이나 콘서트 티켓은 성장 필수품이 되어 버렸다. 유년기를 벗어나는 데에는 '돈'이 든다. 아이들은 용돈이 필요하다. 그렇다고 우리 아이들이 돈만 밝힌다고 생각하면 오산이다. 아이들의 구매력이 매년 신장 추세에 있는 것은 사실이지만, 의외로 아이들이 받는 공식적인 월평균 용돈은 약 40마르크에 불과하다. 쓰는 돈은 많지만 용돈은 적다는 이야기다.

또한 청소년 전문가들의 조사를 보아도 아이들이 중요하게 생각하는 것들은 신뢰성, 자신감, 친절심, 인기, 리더십, 예의, 외모, 운동 순이다. 돈은 열다섯번째에서야 찾아볼 수 있다. 이런 순서는 성별, 나이, 거주지에 관계없이 거의 똑같다! 옛 동독 지역인 튀링겐이나 작센 주 아이들의 용돈이 다른 지방의 아이들보다 월평균 15마르크나 적음에도 불구하고, 지역에 관계없이 아이들 대부분은 현재의 용돈에 만족한다고 답했다.

이런 상황에서 우리가 간과하고 있는 점이 있다. 그것은 대중매체가 이런 순진무구한 아이들에게 구매 충동을 불어넣고, 아이들의 소비를 당기면서 조종한다는 사실이다. 이제부터 기업과 광고가 아이들에게 어떤 영향을 끼치고 있는지, 그리고 아이들을 자신감 있고 의식 있는 소비자로 키우기 위해서 우리가 어떤 태도를 취해야 하는지를 살펴볼 것이다. 광고에 대한 반론을 펴려는 것이 아니다. 다만 아이들이 실제로 보고 듣는 것이 무엇이며, 거기서 우리가 고려해야 할 점이 무엇인지를 알아서 아이들에게 도움을 주자는 것이다.

아이들을 텔레비전 앞에만 앉혀 놓지 말고 함께 야외로 나가거나, 가족 친목 모임에 가거나, 찬란한 햇살을 즐기거나, 나무 그늘 아래로 소풍을 가거나, 책을 읽거나, 정원 테이블에서 편지를 쓰거나, 동물원이나 수영장 또는 카페에 놀러 가거나 하는 좋은 추억거리를 만들어 주자.

츠비카우에 사는 실비아는 이렇게 말한다. "얼마 전 퀼른 근교에 사는 삼촌댁에 갔었어요. 사촌언니와 나는 집에 붙어 있질 않았죠. 언니를 따라 서클 모임에도 가고, 친구들과 파티를 열고, 하이킹을 가기도 했어요. 여기서는 못해 봤던 일들이죠. 우리 집에서도 물론 잔디밭에 나가거나 나무 열매를 따러 갈 수는 있어요. 하지만 서클은 또 다른 재미죠. 퀼른에서는 정말 재미있었어요." 그렇다. 아이들에겐 또래 모임이나 서클이 필요하다. 이런 경우 어른들이 거실이나 차고·옥상 등에 자리를 마련하여 아이들의 만남을 주선하고, 서클 창립을 도와 주면 어떨까?

우리 아이들은 돈을 15위로 꼽았다. 그러나 바쁘게 돌아가는 소비 시장에서 돈은 1위를 차지하고 있다. 그러므로 거대한 상어 같은, 이익에 눈먼 기업가들이 대양에 뛰노는 어린 물고기들을 완전히 포획하지 않도록 아이들과 부모들은 정신을 바짝 차려야 할 것이다. 그들에게 조종당하지 않도록 상대편의 책략을 알아차리고, 아이들과 함께 새로운 관점을 훈련해야 할 것이다. 그리고 그것은 매우 흥미로운 경험이 될 것이다.

1

아이들은 용돈이 필요하다

《자녀의 분노, 부모의 걱정》이라는 책에서 저자 헬가 귀틀러는 이렇게 말한다. "자녀 교육은 부모가 성장하고 살아가는 문화와 밀접한 관계가 있다. 부모는 자녀에게 자신이 바람직하다고 생각하는 가치를 심어 준다. 자신이 살아오면서 습득한 인간상에 따라 자녀를 교육한다. 또한 같은 지역 내에서도 교육의 이상은 문화적·정치적 변화에 발맞춰 달라진다."

어린아이일수록 부모의 말이 잘 먹혀 들어간다. 그러므로 부모는 유년기와 청소년기 동안 아이들이 자신감 있고 자율적인 사람으로 자라나도록 뒷받침해 주어야 한다. 고루하게 들릴지도 모르지만 용돈 사용법 역시 이때 가르쳐야 한다. 금전을 다루는 것에는 가치관과 행동양식이 반영되기 마련이다. 그리고 우리가 원하건 원하지 않건 아이들은 그런 가치관과 행동양식들을 그대로 지닌 채 어른이 된다. 당신은 아이들을 어떤 방향으로 교육하고 있는가? 어떤 것을 강조하고, 어떤 것을 무시하는가? 어떤 가치관(나누고, 절약하고, 돕고, 다른 사람들을 배려하고)을 심어 주는가? 어떤 경험을 제공하는가? 용돈 문제라고 해서 확실한 처방이 있을 리는 없다. 하지만 나는 이 책에서 당신이 아이를 위해 바람직한 결정을 할 수 있도록 돕고 싶다.

어린 나이에 용돈에 관심을 갖는 아이를 '조그만 게 돈을 밝힌다'고 비난하지 말 일이다. 몇 년 못 가서 우리는 그 아이에게 돈을 잘 관리하고, 절약하고, 계획하여 신중하게 쓰라고 잔소리를 할 것이다. 돈에 무관심한 것이 결코 좋은 것이 아니다. 그런 아이는 더욱 세심히 배려해 주어야 한다.

광고심리학자, 마케팅전략가, 판매매니저, 많은 기업의 수많은 영업 전문가들은 우리로 하여금 자녀들을 고분고분한 소비자로 키우도록 조종하고 있다. 그들은 우리가 경쟁사의 X라는 상품 대신 자기 회사의 Y라는 상품을 산다는 이유로, 우리를 매우 영리하고 의식 있는 소비자로 추어올린다.

우리가 그런 감언이설을 꿰뚫고 있다고 해서, 그것의 희생자가 되지 말라는 법은 없다. 우리는 아이들과 함께 비판적인 공동전선을 펼쳐야 한다. 그 어느 때보다 구매력이 높은 아이들이 광고라는 독수리의 발톱에 사로잡혀 있다. 그러므로 어려서부터 용돈을 주고, 금전을 효율적으로 관리하는 훈련을 시켜야 한다.

누가, 얼마나 받는가?

아이들의 월평균 용돈에 대해서는 여러 차례 조사된 바 있다. 저축액에 대한 통계도 나와 있다.

6세에서 17세에 이르는 아동 및 청소년을 대상으로 조사한 결과, 그 중 80퍼센트인 9백40만 명의 아동이 1백34억 마르크를 저축하고 있는 것으로 나타났다. 평균적으로 1인당 1천4백24마르크를 저축하고 있다는 이야기다.

설문조사 결과 아이들의 월평균 용돈은 약 44마르크였다. 그 중 일부는 저축하며, 나머지 대부분은 필요한 곳에 지출한다. 한번도 용돈을 받아 본 적이 없다고 대답한 아이도 11퍼센트나 되었으며, 12퍼센트는 매달 1백 마르크 이상의 용돈을 받는다고 답했다. 또한 정기적으로 받는 것 외에 생일이나 크리스마스, 성적이 좋을 때도 용돈을 받는 것으로 나타났다.

용돈: 언제, 얼마나?

나이	6-7세	8-9세	10-11세	12-13세	14-15세	16-17세
액수	3.—	4.—	5.50	15.—	40.—	55.—
지급 형태	주당		2주에 한 번	매월		

아이들은 용돈이 필요하다

용돈을 주면:
——돈을 적절히 분배하여 사용하는 방법을 배울 수 있다.
——독립심과 책임감을 느낄 수 있다.
——또래 친구들과 어울릴 수 있다.
——당당한 가정의 일원이 되어 부모와 함께 가정경제 및 가사일에 대해 논의할 수 있다.
——(용돈을 자유롭게 쓴다는 전제하에) 잘못된 선택을 스

스로 깨닫고 반성할 수 있다.

── 용돈을 정기적으로 받음으로써 계획적인 소비 습관을 기를 수 있다.

── (부모가 지시나 간섭을 하지 않는다는 전제하에) 자기 마음대로 용돈을 관리하는 재미를 맛볼 수 있다.

── (용돈이 빨리 떨어져도 부모가 메워 주지 않는다는 전제하에) 용돈을 흥청망청 쓴 후 애먹었던 것을 기억하고 나중에 같은 잘못을 반복하지 않는다.

── 남은 용돈은 저축하라고 부모가 압력을 가해서는 안 된다.

── 성적이 나쁘거나 잘못을 저질렀다고 용돈을 깎아서는 안 된다.

부모는 간섭하지 말고, 용돈을 아이들 나름대로 관리하게 해야 한다. "간섭하지는 않아요. 쓸데없는 물건만 사지 말라고 하지요"라고 말하는 부모가 많다. 쓸데없는 물건을 사지 않게 하려는 부모의 마음은 이해가 간다. 하지만 그럼에도 불구하고 그것 또한 간섭이다. 그렇게 하면 아이들은 스스로 깨달을 수 있는 기회를 잃고 만다.

자율성 부여하기

청소년 캠프 교사로 활동하는 세 아이의 엄마 한나 데커(31세)는 이렇게 말한다.

"돈을 찔끔찔끔 주면, 아이들은 돈을 적절히 나누어 쓰는 법을 배울 수 없습니다. 나는 열한 살짜리 딸아이에게 주당 6마르크씩의 용돈을 주기 시작하면서, 노트나 연필·스케치북 같은 학용품도 용돈으로 사라고 했어요. 하지만 잘되지 않더군요. 딸아이는 용돈을 하루아침에 날려 버렸어요. 친구들에게 한턱 쓰고 보니 스케치북 살 돈이 남아 있지 않았죠. 한 친구는 내가 애한테 너무 무리한 요구를 했다고 하더군요. 하지만 난 그렇게 생각하지 않아요. 나는 클라라에게 스케치북 살 돈을 주지 않고, 대신 도화지를 한 장 주면서 숙제를 하라고 했습니다. 클라라는 거기에 그림 숙제를 하여 학교에 제출했지요. 구깃구깃해진 그림으로 좋은 점수를 받을 리 없었습니다. 클라라는 굉장히 속상해했지요. 그러나 클라라는 영리한 아이이기 때문에, 나는 그저 다음부터는 잘 관리해 보라는 말만 했습니다.

그후 클라라는 용돈을 받는 즉시 학용품 명목으로 2마르크를 따로 떼어 저금통에 집어넣습니다. 나는 아이에게 바락바락 잔소리를 하긴 싫어요. 다만 스스로 자초한 결과를 보게 해주죠. 자기 행동의 결과에 책임을 질 때 배움의 효과는 극대화되는 것이거든요. 하지만 '거봐, 너 그럴 줄 알았어'와 같은 말은 치명적입니다. 이런 말은 언어 폭력이며, 전혀 도움이 안 됩니다. 물론 나는 얼마 후 클라라가 용돈으로 노트와 지우개·풀 등을 사왔을 때 칭찬을 아끼지 않았지요."

행동을 규제당하는 것을 좋아할 사람은 아무도 없다. '실수'나 '잘못된 선택'도 배움의 자연스런 단계일 뿐이다. 어른도 실수를 많이 하면서 아이한테만 실수하지 말라고 다그치는 것은 불공평한 일이다. 항상 계획적으로 지출하고,

단 한번도 충동 구매를 해보지 않은 사람이 어디 있는가? 아이들이 용돈을 쓰는 과정에서 실수를 하는 것은 극히 당연한 일이다.

뮌헨의 청소년연구소는 아이들의 64퍼센트가 용돈을 자기 재량껏 사용한다고 보고했다. 바꾸어 말하면, 36퍼센트의 아이들이 부모의 규제를 받는다는 이야기다.

도리스 바이너르트는 이렇게 말한다. "나는 용돈을 아이 마음대로 쓰게 합니다. 하지만 이따금 어디에 썼는지 적어 보는 것이 좋다고 생각합니다. 어디에 썼는지도 모르게 용돈이 바닥나는 경우가 많으니까요. 잃어버렸는지, 군것질을 했는지, 아니면 뭘 샀는지 기억을 못합니다. 이제 우리 딸은 '용돈 기입장'을 쓰고 있습니다. 써보니 재미도 있나 봐요. 하지만 나는 계속해서 쓰라고 강요하지는 않을 것입니다. 시험삼아 몇 주 동안 기록해 보면서, 자기가 돈을 어떻게 쓰고 있는지 깨닫는 것만으로도 충분하지요."

용돈으로 군것질을?

부모는 용돈을 마음대로 쓰게 한다고 하지만, 정작 아이는 그렇게 생각하지 않는 경우가 많다. 프레야(13세)는 이렇게 말한다.

"우리 엄마는 용돈으로 사탕이나 캐러멜 같은 것은 사먹지 말래요. '군것질거리들은 집에도 쌓여 있다'는 거죠. 우리 집 거실에는 땅콩이나 아몬드·건포도 같은 것들이 담긴 커다란 유리접시가 있어요. 냉장고를 열면 간혹 쵸코바도 있구요. 또 엄마는 콜라도 사먹지 말래요. 칼로리가 높고 치아에 안 좋다구요. 그래도 난 초콜릿과 아이스크림·캐러멜 같은 것을 사먹어요. 하지만 엄마에게 그런 걸 사먹었다는 말은 하지 않죠. 물어보지도 않으니까요. 하지만 입다물고 있는 건 거짓말이나 마찬가지 아니겠어요? 그러니 우리 집 땅콩과 건포도는 먼지를 뒤집어쓰고 있을 수밖에요."

용돈을 주면서 무엇무엇은 사지 말라고 한다면, 그것은 간섭이나 마찬가지다. 곁에 있던 프레야의 친구는 뾰로통한 얼굴로 "내 돈을 내 마음대로 쓰지 못한다면 용돈은 받아서 뭘 해요!"라고 말했다.

용돈으로 군것질 따위는 하지 말았으면 하는가? 그러면 무조건 사먹지 말라고 막는 것보다는 지혜롭게 처신하는 것이 좋을 듯하다. 두 아들을 둔 치과의사 엄마는 군것질 문제를 이렇게 풀어냈다.

"나는 치과를 운영하고 있어서 좀 바쁩니다. 그래서 아이들과 함께 많은 시간을 보내지는 못하지요. 아이들이 학교 들어가기 전까지는 군것질거리로 달콤한 과일과 과일 통조림, 과일 말린 것 등을 주곤 했어요. 용돈은 2학년 때부터 주기 시작했는데, 큰아이 용돈이 작은아이보다 2마르크 많지요. 하지만 큰아이는 항상 자기 돈을 일찌감치 써버리고 동생에게 꾸어가요. 그래서 나는 큰아이가 용돈을 어떻게 쓰길래 늘 모자란 것인지 궁금했죠. 원인은 군것질에 있더라구요. 아이들에게 군것질은 일종의 사교 방법인 것 같았어요. 어른들이 저녁 무렵 친구들과 어울려 포도주를 한잔 하듯, 아이들도 방과 후 초콜릿을 갉아대며 친구를 사귀는 거죠. 먹는 즐거움 외에 함께 하는 기쁨을 누리는 거더라구요. 나는 그런 즐거움을 강제로 빼앗을 생각은 없어요. 금지하는 것은 오히려 집착을 낳을 따름이니까요. 그래서 마음을 느긋하게 먹고, 단것을 너무 많이 섭취하면 어떻게 되는가를 알게 해줘야겠다고 생각했지요. 그리고는 제 직업의 특성을 이용하여, 치과에서 이가 다 썩어 들어가 뿌리만 남아 있는 끔찍한 사진들을 가져왔어요. 하지만 그런 사진들을 보여 주며 '너희도 언젠가는 이렇게 될지도 몰라' 하며 겁을 주지는 않았어요. 대신 '너희 친구들이 단것을 너무 많이 먹다가 이렇게 되면 어떡하니?' 하면서, 친구들을 조심시키라고 말했지요. '개네들은 단것을 너무 많이 먹으면 이가 이렇게 된다는 것을 모를 거야' 라면서 말이에요."

용돈이란 무엇인가?

스스로 노력해서 번 돈이나 특별한 때에 받는 '금일봉'은 용돈이 아니다. 용돈을 그것들과 혼동해서는 안 된다.

또한 용돈 날짜가 아직 멀었는데 벌써 바닥나 버렸다고 추가로 돈을 채워 줘 버릇하면 안 된다. 용돈 액수가 들쭉날쭉하면 규모 있고 계획적인 지출이 불가능하다. 한나 데커는 이렇게 말한다. "없으면 쓰지 말아야지요. 1주일치 용돈을 하루아침에 유흥비로 날려 버렸다면 그것으로 끝입니다. 더 주지는 않습니다. 그렇다고 아이스크림 하나도 안 사 준다는 건 아니지만요. 그러나 기본적으로 포기도 분배의 일종이죠."

그래피커로 일하며 아들을 홀로 키운 둥야 비츠만의 말이다. "아들을 키우면서 용돈을 규칙적으로 주어 본 적이 없어요. 돈이 필요하다면 줬고, 없을 때는 없다고 했지요. 아주 간단했습니다. 나의 그런 행동이 아들에게 돈을 아무렇게나 쓰는 습관을 갖게 할 것이라는 생각을 못했죠. 나는 수입이 불규칙할 뿐 아니라 돈을 무계획적으로 썼기 때문에 파산 직전까지 이르렀던 경우가 많았고, 집까지 저당잡힌 적도 있었어요. 지금 아들은 대학에서 고고학을 공부하고 있는데, 다행히 결혼할 여자친구가 아들의 '돈 관리'를 도맡아 해주고 있습니다. 그렇지 않다면 아들은 날아드는 독촉장에 정신을 못 차릴 것이고, 전화선까지 끊기는 사태가 발생할지도 몰라요. 무감각하게 살다가, 아들이 크고 나서야 어려서 책임감과 자율성을 길러 주는 것이 얼마나 중요한지를 깨달았어요. 아이스크림 하나 사먹을 때마다 일일이 돈을 타게 해서는 안 됩니다. 돈을 만져 보지도 못하고서 어떻게 돈을 잘 쓸 수 있겠어요? 나는 아들이 어렸을 때 용돈을 주지 않은 것이 후회됩니다. 지금은 아들에게 억척스런 여자친구를 붙여 주신 하나님께 감사할 따름입니다."

13세인 벤야민은 이렇게 말한다. "자기만의 돈을 가진다는 것은 신나고 재미있는 일이죠. 나는 용돈을 거의 지출하지 않습니다. 저축하는 게 재미있거든요. 얼마 전에는 바람에 날려온 1백 마르크짜리 지폐를 주운 적도 있어요. 엄마는 내게 돈이 날아드나 보다고 하더군요. 내 책상 서랍에는 50에서 1백 마르크 정도는 늘 있어요. 하지만 그런 얘기를 아무한테도 하지 않죠. 내가 돈이 있다는 걸 알면 친구들이

너도나도 빌려 달라고 할 거고, 그렇게 되면 남는 게 하나도 없을 테니까요. 어쩌다가 친구에게 조금 빌려 줄 때도 있지만, 그럴 때면 빌려간 애를 들볶아서 꼭 받아내지요."

용돈은 소위 쌈짓돈이다. 그러나 그런 작은 돈도 모이면 커다란 돈이 된다. 13세인 아드리안은, 사업가 기질이 있는 형 막스의 영향으로 돈 모으는 것에 재미를 붙였다. 현재 아드리안의 통장에는 1백87마르크 60페니히가 들어 있으며, 얼마 전에는 엄마에게 50마르크를 빌려 주기도 했다. "지출은 쉬는 시간이나 방과 후 운동할 때 음료수를 사먹는 게 고작이지요. 얼마 전 그동안 모은 돈으로 내 방에 걸어 놓을 농구대를 하나 샀습니다. 그리고 생일 때나 크리스마스 때 근사한 필통이나 책가방·손목시계 같은 비싼 선물을 받고 싶으면, 엄마에게 무턱대고 사달라고 하지 않고 모아 놓은 용돈을 선물비에 보태지요. 이따금은 좋은 CD나 형에게 줄 선물을 사기도 합니다."

좋은 성적, 많은 용돈?

42퍼센트의 아이들이 성적이 좋을 때 용돈을 받는다. 많은 부모들은 아이의 학습 의욕을 북돋운다는 명목으로 수를 받아오면 돈을 준다. 두 아들을 기르고 있는 에드거 브리더만(52세)은 이렇게 말한다. "성적표가 나오면 수가 몇 개냐에 따라 6개월간 용돈을 지급하지요. 우는 돈이 없습니다. 그리고 그보다 더 나쁜 점수를 받아왔다고 있는 돈까지 빼앗지는 않죠. 돈을 전혀 받지 못하는 것만 해도 손해는 크니까요."

그러나 모든 아이들에게 똑같은 기준을 적용할 수는 없다. 한나 데커는 이렇게 말한다. "우리 아이들은 아직 어립니다. 칼라가 열한 살, 장이 아홉 살이죠. 장이 학교에 들어가기 전까지는 칼라가 좋은 성적을 받아오면 돈을 주었습니다. 하지만 지금은 그렇게 하지 않습니다. 칼라는 뭐든지 순식간에 배웁니다. 금방 알아듣지요. 하지만 장은 한 가지를 이해하는 데 시간이 많이 걸립니다. 그래서 똑같이 수하나에 1마르크를 주는 건 불공평한 일이지요. 지금은 성적으로 용돈을 주는 대신 좋은 점수를 받아오면 마음껏 칭찬해 줍니다. 그리고 성적이 좋건 나쁘건 상관없이 성적표가 나오는 날에는 외식을 하지요. '성적표가 나오는 날, 레스토랑에 가는 것'은 정말 괜찮은 방법입니다. 레스토랑을 예약하여, 가능하면 할머니도 초대해 놓고 맛있는 식사와 근사한 후식을 시킵니다. 그리곤 한 학기 동안 열심히 했다고 아이들을 격려해 주지요."

"나는 단돈 5마르크 때문에 역사 선생님의 천박한 수다에 귀기울일 생각은 없어요. 성적이 좋으면 돈을 타지만, 그렇다고 해서 공부를 더 열심히 하지는 않아요. 엄마가 수는 얼마, 우는 얼마 기준까지 정해 주었지만 수업시간이나 숙제를 할 때 그런 생각을 하지는 않습니다. 숙제로 내준 단어를 외울 때면, 이걸 잘해서 엄마에게 돈을 받아야겠다는 생각보다는 어서 단어들을 외워 버리고 친구와 놀아야지 하는 생각뿐이지요." 사실 잉오는 성적이 좋을 때 용돈을 주는 것이 오히려 불쾌하다. "처음엔 이번에는 얼마를 받을까 내심 기대했었어요. 하지만 시간이 지나면서 유치하다는 생각이 들었어요. 중간고사에 수를 받으면 5마르크, 수학 과제물을 제출하고 수를 받으면 2마르크. 역사처럼 취약한 과목에서 좋은 성적을 받으면 또 얼마. 그런 미끼가 나를 짓누르기 시작했고, 불쾌한 짐처럼 여겨졌어요."

용돈은 교육 수단?

호랑이 굴 속에 들어가지 않고 호랑이를 잡을 순 없는 것처럼, '돈'을 만져 보지도 못하고 돈 다루는 법을 배울 수는 없다. 딸이 용돈으로 담배를 샀다고 해서 용돈을 빼앗는 것은 전혀 효과가 없다. 담배 살 돈은 어떻게 해서든 다른 방법으로 구할 것이기 때문이다. 또 아들이 숙제는 안하고 매일 밖에 나가 놀기만 한다고 벌을 주거나 용돈을 빼앗아서는 안 될 것이다. 그런 문제를 용돈으로 풀어서는 안 된다. 일관성 있게 용돈을 주는 것은 신뢰의 문제다. 상황에 얽매여서는 안 된다. 용돈을 주고 다시 빼앗지 않음으로써 아이들에 대한 신뢰를 표현할 수 있다.

마리옹 포헝어의 말이다. "아들이 낸 사고를 수습하느라 1백80마르크가 들어갔습니다. 아이에게 반을 내라고 했지요. 물론 아이의 통장엔 2백 마르크가 넘는 돈이 들어 있었으므로 다 내라고 해도 되었지만, 아이의 정직성을 참작해 주었던 겁니다. 자신이 저지른 일에 친구가 누명을 쓰게 되자 진실을 자백했었거든요."

대가를 치르게 하지 않고 잘못을 무마해 주면, 다음번에는 그런 잘못을 좀더 쉽게 저지를지도 모른다. 아이에게 자기가 저지른 잘못에 책임을 지게 해야 한다. 아울러 위의 예처럼 아이의 장점을 높이 평가해 주는 융통성을 발휘하는 것이 필요하다.

용돈 비교: 옛 동독 지역 아이들의 검소

통계에 따르면, 옛 동독 지역 아이들의 용돈이 옛 서독 지역보다 15마르크 정도 적다. 나이가 많아질수록 차이는 더 커진다. 옛 서독 지역에서는 아이가 커감에 따라 용돈을 한 번에 5마르크 정도씩 올려 주지만, 옛 동독 지역에서는 보통 2 내지 3마르크씩 올려 주기 때문이다.

"그래요? 쓰기 나름이겠지요. 저는 돈이 없으면 쓰지 않아요. 다른 사람에게 꾸지도 않고요. 그냥 다음 용돈 때까지 기다려요." 14세의 베른트 호프만은 용돈의 액수가 그리 큰 문제는 아니라고 했다. "열 살 때 처음으로 용돈이란 걸 받았는데, 그 돈을 어떻게 써야 하는지 잘 모르겠더라구요. 그래서 사고 싶은 것이 생각날 때까지 그냥 가지고 다녔죠. 그랬다가 나중에 운동복과 축구화를 샀어요. 지금도 그런 식입니다. 용돈을 어떻게 써야겠다는 구체적인 계획은 없어요. 그냥 필요한 것이 무엇인지를 생각하고, 그것을 살 수 있을 만한 돈이 모일 때까지 오래오래 기다리지요. 부모님께 용돈을 올려 달라고 말하고 싶지도 않아요. 엄마 아빠 두 분 모두 열심히 일하시고, 내게 최선을 다해 주시는 것을 아니까요. 나로서도 그만하면 부족하지 않구요."

여자아이들의 용돈이 더 적다

또한 여자아이들의 용돈이 남자아이들보다 평균 8마르크가 적은 것으로 나타났다. 12,3세에 이르면 엇비슷해지다가, 14세 때부터는 남자아이들의 용돈이 다시 상승곡선을 그렸다. 부모가 딸보다 아들을 자율적으로 키우기 때문인 것으로 보인다.

학술 논문 〈동/서독일의 유년으로부터의 탈출〉도 "아들에게는 비교적 관대하게 모든 일을 알아서 처리하도록 하지만, 딸에게는 외출을 제한하는 것에서부터 엄격한 통제를 가한다"라고 보고하고 있다.

하지만 내가 직접 인터뷰한 아이들에게서는 성별에 따른 용돈차를 발견할 수가 없어서, 이런 차이는 거대 집단을 비교할 때 드러나는 듯했다. 그러나 어느 가정이든 첫째와 둘째의 용돈에는 뚜렷한 차이가 있었다.

12세의 쌍둥이 안나와 벤야민 —— 물론 두 아이의 용돈은 똑같았다 —— 엄마의 말이다. "안나와 벤야민은 돈 쓰는 스타일이 굉장히 달라요. 안나는 한참 동안 그대로 가지고 있다가 이따금 CD나 애완동물 용품을 사요. 그러나 벤은 꼬마 사업가예요. 용돈을 타서 요리조리 쓰는 것을 재미있어하지요. 하지만 나는 벤이 용돈을 어떻게 쓰는지 시시콜콜

물어보지 않습니다."

도시아이들이 많이 받는다

도시아이들과 시골아이들의 용돈에도 차이가 있었는데, 도시아이들이 시골아이들보다 평균 15마르크를 더 받는 것으로 나타났다. 그렇다고 시골아이들이 도시아이들에 비해 무조건 검소하다고 할 수는 없을 것이다. 도시가 아무래도 물가가 비싸고, 돈을 쓸 기회도 많기 때문이다. 또한 시골에서는 생일이나 성찬식 때 많은 친척들이 와서 축하해 주기 때문에, 그런 때 받는 돈은 도시아이들보다 상대적으로 많다.

헤센 성당의 신부는 이렇게 말한다. "시골아이들이 도시아이들에 비해 경제적으로 홀대받고 있다고 생각하지는 않습니다. 차를 몰고 다니는 아이들도 있고, 열일곱 살짜리의 한 달 용돈이 8백 마르크인 경우도 있지요. 중학생쯤 되면 오토바이를 사기 위해 용돈을 모읍니다. 어린아이들은 대개 견진성사를 계기로 첫 자본금을 조성하는데, 어떤 친척이 얼마를 가지고 올 것인가를 대략 예상해 보고 그에 따라 예산을 짭니다. 사실 그런 매력이 없다면, 요즘 아이들이 견진성사를 받을지 의문이 들어요. 부모는 아이가 무엇을 사고 싶어하는지 알아본 다음, 그에 따라 얼마를 줄 것인시를 정하지요. 그리고는 커다란 축제가 벌어집니다. 시골의 견진성사는 마치 결혼식처럼 떠들썩하지요."

용돈을 적게 주는 이유는?

뜻밖에도 수입이 높은 부모가 수입이 낮은 부모보다 상대적으로 용돈을——평균 8마르크 50페니히나——적게 주고 있음이 드러났다. 용돈의 액수는 수입의 고하보다는 교육관에서 비롯되는 듯하다. 아이들을 소비 위주의 사회와 거리를 취하게 하려는 부모들은 아무래도 용돈을 적게 줄 것으로 보인다.

"매우 힘든 일이에요. 그나마 지금은 우리 집에 텔레비전이 없으니까 망정이지요!" 4세와 7세의 두 딸을 둔 음악교육가 마르가레테 되르의 말이다. "좀더 커서 친구들이 '연예인 이야기'를 입에 달고 살 때가 되어도, 우리 아이들이 지금의 생활방식에 불만이 없을지 저도 장담하지는 못하겠네요. 하지만 어려서부터 텔레비전 없이 키우니까, 조그만 일에서부터 뭔가 생각하고 토의하는 아이로 자라는 것 같아요. 우리 아이들은 너무 춥지만 않으면, 우리 집에 딸려 있는 아담한 정원에서 이웃 아이들과 어울려 논답니다. 비가 오면 차나무 사이에서 비를 피하기도 하고요.

아이들이 사달라는 것을 다 사줄 수는 없어요. 아이들이 친구집에 갔다오면 문제가 발생하지요. 거기서 자기들에겐 없는 바비인형, 봉제 동물 캐릭터, 비디오 겸용 텔레비전 등을 보고 오거든요. 그럴 때면 나는 아이들 말을 진지하게 들어 주면서도, 그런 물건들이 별로 중요하지 않다는 것을 이해시키기 위해 지혜를 짜내야 해요. 수십 개나 되는 봉제 동물인형이 무슨 필요가 있겠어요? 테디베어 몇 개만 있으면 충분하지요.

저는 큰아이 팅카가 학교에 들어가면서부터 1주일에 2마르크를 주고 있어요. 딸은 그것을 호주머니에 넣고 다니다가, 다음 용돈날이 되면 가지고 다니던 것을 저금통에 집어넣지요. 하지만 그 정도의 나이에는 용돈 자체보다 부모가 살아가는 모습이 중요하다고 생각해요. 부모가 흥청망청 산다면 아이들이 배우는 것은 뻔하지요. 우리 경우는 휴가도 아주 '시답잖게' 다녀옵니다. 아이들이 태어난 후 휴가를 먼 곳으로 간 적이 없어요. 1년에 두 번 바이에른이나 오덴발트, 또는 오스트리아의 농가에 가서 며칠 쉬었다 오지요. 아이들이나 우리나 이런 휴가에 더없이 만족합니다."

중요한 것은 아이들이 사달라는 것을 모두 사주지 않더라도, 아이의 관심을 진심으로 존중하고 있음을 보여 주는 것이다. 부모로부터 인격적인 대우를 받았던 아이들은 긍정적인 부모상을 갖게 되며, 나중에 자기 엄마 아빠 같은 부모가 될 거라고 대답했다는 연구 결과가 보고되었다. 이렇게 만족스러운 아이들은 가정의 분위기를 명랑하게 만들며, 정서적으로 산만하지 않다.

말뿐인 용돈

부모는 아이를 의식 있는 소비자로 키우기를 원하지만, 구체적인 현실에 부딪치면 어려운 문제들이 산적하다. 우선 '소비 문제'를 놓고 자녀와 부딪칠 수밖에 없다. 어떤 물건을 사주느냐 마느냐를 놓고 팽팽한 접전이 거듭된다. 첫번

째는 부모가 이긴다. 그리고 두번째까지는 승산이 있다. 하지만 세번째 정도 가면——아이들이 부모가 기분 좋을 때를 택해서 작전에 돌입하면——부모가 지고 만다. 느물느물하게 자신의 주장을 관철시키는 아이를 보며 뿌듯해하는 면도 없지 않다.

용돈은 너무 많이 주어도 안 되지만, 그렇다고 너무 빠듯해서도 안 된다. 용돈이 너무 적으면 '절약'은 불가능하다. 아껴 쓸 여지가 있어야 절약을 할 게 아닌가. 너무 적은 용돈은 상징적인 의미 이상은 지니지 못한다. 그리고 결과적으로 아이는 추가로 돈을 요구하게 된다. 한 아버지의 말이다. "어디에다 그렇게 돈을 많이 쓰는지 궁금해요. 무엇을 사달라고 할 때는 어찌나 말을 잘하는지! 말솜씨만 느는 것 같아요." 아침에 나갔다가 저녁 7시 이후에나 집에 들어오는 아버지들은 아이들이 용돈을 어디에 쓰는지 의문이다.

하지만 그렇다고 해서 용돈을 너무 적게 주면, 용돈은 부수적인 것으로 전락한다. 무엇인가를 사야 할 때면 별도로 돈을 요청해야 한다. 돈을 아껴 쓰는 것도 공허한 개념일 뿐이다. "열두 살짜리에게 1주일에 고작 7마르크를 주면서, 음료수 사먹고 버스표까지 구입하라고 할 수는 없습니다."

당사자인 아들은 "7마르크요! 물론 모자라지요. 하지만 전혀 문제 없어요!"라고 말한다. 어떻게 전혀 문제가 없을 수 있을까? 필요한 것이 생기면 언제든지 별도의 돈을 탈 수 있기 때문이다. 처음엔 정말 필요할 때 돈을 요청한다. 하지만 차츰 이유를 위한 이유를 붙인다. "컴퍼스가 고장나서 새것을 사야 하는데." "영어 공부하려면 카세트가 필요해요." "필통이 없어졌어요. 누가 가져갔나 봐요." 항상 이런 식이다. 한참 후에 아이가 예전의 필통을 그대로 쓰고 있어도 부모는 전혀 눈치채지 못한다. 방관적인 태도에 너무 바쁘다는 이유도 가세한다. 그리고 아이들은 바로 그 점을 이용한다. 배짱과 합리화 작전으로 자신이 바라는 것을 관철시킨다.

여성지 편집장인 엘렌 하일마이어는 이렇게 말한다. "부모가 먼저 본을 보여야 아이들도 아껴 쓰지요. 부모는 그렇게 못하면서 아이에게만 근검절약을 강조할 수는 없어요. 부모는 페라리를 타고 다니면서, 아이들이 사달라는 자전거를 안 사줄 수는 없는 거죠. 하긴 오늘날 진짜 문제는 부모들이 아이들에게 검소를 강요하기는커녕 과소비를 조장하는 데 있는 것 같아요. 거의 쇼핑에 중독되어 있는 부모가 많죠. 아이들이 사달라는 대로 다 사주고, 온갖 호강을 누리면서 절제의 미덕을 가르치지 못하고 있어요. 저는 인간의 좌절이 '돈' 쓰는 것으로 표출된다고 생각해요.

아이들도 마찬가지예요. 오늘날 아이들이 '돈을 매개로 한 물질적 보상' 외에, 어디서 좌절과 사랑과 안락함에 대한 동경과 놀이 욕구를 채울 수 있습니까? 하지만 역설적이게도 이 '돈 문제'는 바람직하게만 이용하면, 아이들에게 돈을 다루는 법과 올바른 소비생활을 가르치는 교육의 장으로 활용될 수도 있지요. 용돈을 규칙적으로 주지 않고 그때그때 타가게 하는 것은, 아이들의 독립성을 저해하고 어린아이로 머무르게 하는 처사예요. 또한 항상 명심해야 할 것은 우리의 생활방식에 자신의 인생관이 반영되며, 그것이 긍정적으로든 부정적으로든 아이들에게 전달된다는 사실이죠."

할머니가 아이들을 망친다?

부모가 아이들에게 절제의 미덕을 가르치려 노력하는 경우라 할지라도, 아이들을 '소비 도취'의 위험으로부터 완전히 건져낼 수는 없다. 너그러운 조부모나 '피난처'가 되는 친척들이 있으니까 말이다. 함부르크에 거주하는 한 할머니의 말이다. "우리 딸은 내가 손주들에게 돈을 주거나 군것질거리를 사주는 것을 별로 탐탁해하지 않습니다. 벌써 여러 번 부딪치기도 했죠. 그래서 요즘엔 초콜릿이나 젤리 같은 것은 되도록 사주지 않습니다. 하지만 아이들에게 뭔가 잘해 주고 싶어요. 그러지 않고서야 아이들이 할머니를 좋아할 수 있겠습니까? 그렇다고 요즘 아이들을 동화책 읽어 주는 걸로 유혹할 수는 없지요. 아이들은 뭔가 자극적인 것을 원해요. 그래서 나는 손주들이 우리 집에 오면 텔레비전을 마음껏 보게 합니다. 집에서 제 엄마가 보지 못하게 했던 프로들도 보게 놔두지요. 아이들은 수요일쯤 우리 집에 와서는 '할아버지, 영화 보게 돈 좀 주세요' 합니다. 그러면 남편은 식물원이나 동물원에 가자고 하지요. 하지만 요즘은 그것도 안 통해요. 아이들이 열 살 넘어가더니 다른 프로그램을 원하더라니까요. 그런데 우리 손녀 중에 제시카라고 굉장한 독서광이 하나 있어요. 다른 녀석들은 책을 사주면 읽지도 않고 벼룩시장으로 보내 버리기 일쑤인데 제시카는 달라요. 겨우 여덟 살인데 텔레비전을 별로 좋아하지 않는다니까요. 그건 그렇고, 제 엄마는 아이들에게 절대 텔레비전을 보여 주지 않는다고 하던데, 아이들하고 얘기해 보면 연속극과 쇼 프로를 줄줄 꿰고 있으니 어찌된 일이죠?"

대중 미디어의 홍수에 맞서 투쟁하는 일은 엄마만의 몫인 경우가 많다. 엄마들은 아이들에게 비판적인 소비 태도를 길러 주려고 노력한다. 자신의 조그만 교육 원칙들을 실천해 보려고 아이들과 조부모 사이를 왔다갔다하며 신경을 곤두세운다.

"아이들에게 신경 쓰랴, 할머니 할아버지에게 신경 쓰랴. 그 사이에서 정말 힘들 때가 있어요. 가끔은 화가 치밀어 오릅니다!"라고, 독서광 제시카와 보리스(5세)의 엄마 마르고트 헨젤은 말한다. "아이들은 외갓집에 가면 텔레비전을 실컷 보지요. 말로는 안 봤다고 하지만, 나중에 은근히 떠보면 알 수 있어요. 가까우니까 보내면 편하긴 하지만, 이런 이유 때문에 아이들을 친정에 자주 맡길 수가 없어요. 시댁은 그래도 좀 낫습니다. 시골이라 염소와 닭을 기르고, 커다란 정원에 개구리가 사는 연못도 있거든요. 거기 가면 아이들은 정말 신이 나지요. 할아버지는 아이들만의 꽃밭도 만들어 주었습니다. 작은 꽃밭에 울타리를 치고 거름을 주어 묘목도 심고, 무와 해바라기도 심었습니다. 정돈되지 않은 꽃밭이지만 아이들은 매우 좋아합니다. 제시카는 평소에 공원이나 거리를 산책하며 열심히 씨를 모았다가, 그 씨들을 할아버지댁으로 가져갑니다. 꽃과 나무들이 자라는 모습을 보며 할아버지와 아이들은 경탄을 연발하지요. 염소와 장난을 치기도 하고, 또 염소에게 짚을 먹이기도 하구요. 정말 보기 좋습니다."

돈이 친구를 만든다?

아이들이 11세에서 15세쯤 되면 테디베어와 이별하여 어엿한 10대 청소년으로 탈바꿈한다. 그때부터 부모의 잔소리는 '효력을 잃는다.' 학자들이 지적하는 '또래 집단'의 새로운 질서에 편입된다. '또래 집단'이란, 같은 연령대의 청소년들로 부모에게서 독립하는 것을 서로 돕는 집단을 말한다. 이런 변화는 순식간에 일어난다. 갑자기 친구들을 제일 앞세우며, 자기들의 공통적인 관심과 취미를 제일 중요시한다.

부모들은 이런 현상을 인정하기가 힘들다. 갑자기 부모의 말이 먹혀들지 않는다. 또한 다른 부모들과도 의견일치가 안 된다.

"리타는 1주일 용돈이 자그마치 50마르크란 말야. 그런데 난 겨우 10마르크가 뭐야!" 이런 말은 거의 공갈협박이다. 그럼에도 부모는 아이들이 가치 있는 존재라는 것과, 사랑받고 있다는 사실을 느낄 수 있게 배려해 주어야 한다. 이런 맥락에서 용돈은 중요한 역할을 한다. '돈이 친구를 만든다'는 속담의 뜻을 깨닫기 전까지, 친구를 사귀고 정체성을 찾는 사회화 과정의 중요한 매개 역할을 하는 것이다.

조금만 올려 주세요

아이가 자라면서 옷이 몸에 맞지 않게 되듯 예전의 용돈도 모자랄 때가 온다. 생일이나 학기초를 기점으로 용돈을 올려 주면 좋을 것이다. 학년이 올라가면 필요한 것도 많아진다.

아이가 용돈을 올려 달라는 말을 해오면 진지한 대화를 나누는 것이 좋다. "그냥 모자라서요"라는 대답만으로는 부족하다. 그러나 "이제 내 티셔츠는 내가 사입었으면 해요!" 등의 말은, 아이에게 의류구입비 —— 단 의류구입비는 의류를 구입하기 위한 돈이다. 그것이 CD나 잡지·영화표로 둔갑해서는 안 된다 —— 를 지급할 시점이 되었음을 시사하는 말이다.

10세가 넘으면 자기 옷쯤은 자기 스스로 구입하는 아이들이 많다. 할레대학의 하인츠-헤르만 크뤼거 교수를 중심으로 한 청소년연구팀의 연구 결과 여자아이들의 약 90퍼센트, 남자아이들의 약 82퍼센트가 10~15세 사이에 자기 스스로 옷을 사입기 시작한다고 한다.

학년이 올라갈수록 여가시간을 보내고 방을 꾸미고 옷을 사입는 일이 중요해지며, 돈도 더 들게 마련이므로 적절한 때에 용돈을 올려 주어야 할 것이다. 용돈 인상과 함께 자율적으로 할 수 있는 일이 늘어나고, 책임과 권리가 신장되면 부모의 영향은 점차 줄어든다. 부모와의 갈등도 이때가 가장 심하다.

청소년 전문가들이 청소년기에 발생하는 가족 갈등의 이유와 횟수를 조사한 결과, 가장 흔한 갈등은 남매간의 다툼으로 10세에서 15세 청소년의 78.7퍼센트가 남매들과 심하게 다투는 것으로 나타났다. 다음으로는 가사일 돕기(46.7퍼센트), 학교 성적, 늦은 귀가 등으로 인한 부모와의 갈등이었다. 옷이나 친구 문제, 정치적 견해가 다른 것으로 인한 갈등은 빈도가 낮았다.

용돈 인상에 관한 협상

용돈 문제로 인한 갈등은 통계에 나타나지 않아, 많은 아이들이 용돈에 대한 재량권을 가지고 있음을 보여 주었다. 용돈은 부모로부터 독립하기 위해 필요한 경제적 자원이다. 아이들의 필요가 늘어남에 따라 이 경제적인 자원도 인상되어야 한다. 1년에 한두 번 있을 용돈 인상 협상은 조용하고 화기애애한 분위기 속에서 치러져야 하며, 부모와 아이 양대 '정당'은 각각 말할 내용을 준비하여 메모를 해오는 것이 좋다. 고려할 사항은 다음과 같다.

1) 용돈은 얼마를 올려 주어야 하는가?
2) 의류구입비는 얼마를 올려 주어야 하는가?
3) 지금까지 용돈에 포함시키지 않았던 지출(가령 구두수선비, 세탁비, 운동 서클 회비, 전화비, 교통비, 화장품비, 선물비) 중 어떤 것을 용돈에 포함시킬 것인가?
4) 가정 형편을 고려할 때, 용돈 인상을 위한 여유 자금이 얼마나 생기는가? 돈이 많이 들어갈 일은 없는가?
5) 아이가 할 만한 아르바이트는 없는가?

6) 저축 상황, 저축 계획, 저축 목표: 포기할 것과 시급히 마련해야 할 것은 무엇인가? (예: 컴퓨터)

용돈 인상 협상이 졸속 처리되면 부모와 자녀 양쪽 모두에게 좋지 않다. 아이들은 부모에게 섭섭해하면서 용돈에 불만이 있는 만큼 거짓말을 하거나 추가로 돈을 요구하게 될 것이며, 그런 아이들을 보고 부모 또한 실망할 것이다.

세 아이의 아빠인 치과의사 마틴 그림(43세)은 '용돈 협상'을 다음과 같이 진행한다. "용돈 인상에 대해 이야기하는 시간을 우리는 '용돈 회합'이라 부릅니다. 방학 마지막 날 오후쯤 회합을 갖지요. 이이들은 자기들의 생각을 작은 쪽지에 적어 옵니다. 보통은 원하는 액수만 달랑 적혀 있지만요. 1학년짜리 막내에게도 학교에 들어가면서부터 용돈을 주고 있어요. 습관을 들이기 위해 1학년 때는 주당 1마르크, 2학년 때는 2마르크를 주지요. 그리고 3학년인 둘째 미르코에겐 주당 5마르크를 줍니다. 용돈을 쓰는 것은 전적으로 아이들 재량입니다. 사실 콜라나 우유를 사마시기에도 부족한 액수지요. 그래서 우리 아이들은 음료수는 싸가지고 다닙니다. 첫 용돈은 순전히 연습용이니까요.

'용돈 회합'이 열리면 아이들은 친구들의 용돈에 대해, 그리고 껌이나 초콜릿·학용품 값에 대해 이야기합니다. 그리고는 투표를 하지요. 막내도 물론 투표권을 갖습니다. 가족 모두 큰아이 브리타와 둘째 미르코의 용돈을 올리는 데 찬성하면 일정 액수를 올려 주지요. 방학기간에는 특별 용돈이 지급됩니다. 우리는 휴가를 6년째 덴마크의 작은 마을로 가고 있어 아이들도 그곳 지리를 잘 알아요. 아이들은 약간의 용돈을 가지고 그곳을 자유자재로 돌아다니다가 풍선이나 엽서, 조잡한 기념품 같은 것을 사기도 하지요."

또한 그림 씨의 아이들은 돼지 저금통 하나씩을 가지고 있다. "용돈이 남을 때는 드물어요. 하지만 간혹 할머니라도 오시는 날엔 저금통에서 딸그락 소리가 세 번 들리지요. 아이들이 '특별한' 일을 하면, 그 대가로 약간의 돈을 주기도 합니다. 하지만 이런 돈은 잘 생각해서 주어야 해요. 얼마 전 밤에 영화를 보고 돌아왔더니, 첫째와 둘째 녀석이 구두란 구두는 모조리 꺼내 닦아 놓은 것이 아니겠어요. 정말 깨끗이 닦았더군요. 녀석들은 '주머니를 두둑이 채우겠구나' 기대를 했겠지요. 하지만 돈 같은 건 주지 않았습니다. '앞으로 종종 구두를 닦으라고 해야지' 라는 생각을 하며 아낌없는 칭찬을 해주었지요. 집안일은 돈과는 상관없이 가족 모두가 함께 하는 것이라는 걸 알려 주어야 합니다. 그러나 얼마 전 미르코가 이웃 할머니댁에서 밤 따는 것을 도와 주었을 때는 격려 차원에서 용돈을 1마르크 더 주었지요. 물론 이런 경우도 지혜롭게 해야 할 것 같습니다. 이웃집 일을 돕고 돈을 받았을 때, 그것을 당연한 것처럼 여기게 되면 곤란하니까요. 다음번에도 그런 일을 하고는 약속이라도 한 듯 손을 벌리면 어떻게 하죠?"

가족 모두 용돈 협상의 결과에 만족할 수 있어야 하며, 일단 협상이 이루어지면 합의된 액수를 일관성 있게 주는 것이 중요하다. 그래야 용돈을 아끼면서 계획적으로 쓸 수 있다. 또한 용돈이 너무 빨리 바닥났다고 해서, 또 올려 주어서도 안 된다. 약간의 돈을 미리 지불하거나, 특별한 일이 있을 때 돈을 조금 더 줄 수는 있을 것이다. 그러나 용돈은 기본이고, 항상 추가로 돈이 생긴다고 생각할 위험은 배제해야 한다.

보너스

소풍이나 수학여행 등 1년에 몇 번은 특별 용돈을 지급해야 할 일이 있기 마련이다. "용돈은 뜨거운 사안이지요." 학부모회 대의원을 맡은 어떤 학부모의 말이다. "우리는 수학여행을 앞두고 학부모 회의를 마련했습니다. 거기서 터놓고 용돈 이야기를 했지요. 스키장으로 갔던 지난번 수학여행 때 용돈으로 자그마치 3백에서 5백 마르크를 가져온 아이들이 있었거든요. 리프트 비용과 숙박비·식비 등은 모두 선불된 상태라서, 음료수나 작은 기념품을 살 돈만 있으면 충분했는데도 말이에요. 그러나 다행히 그곳은 작은 마을이라 스키장 외에 다른 유흥시설은 전혀 없었습니다. 비싼 디스코텍과 매점 한 곳이 전부였지요. 아이들은 전혀 돈을 쓸 수가 없었어요. 하지만 그렇다고 엄마에게 그 돈을 되돌려주지도 않았대요. 우리 작은애 이야기로는 남은 돈으로 스프레이 페인트를 산 아이들도 있었다더군요.

그런 일을 사전에 예방해야겠다고 생각한 우리는, 이번 여행에는 80마르크 이상의 용돈을 주지 않기로 의견을 모았습니다. 호숫가로 6일간 야영을 가는 데는 그 정도 돈이면 충분하지요. 그러나 막상 뚜껑을 열자, 또 많은 돈을 가져온 아이들이 있었습니다. 그러자 이번에는 선생님이 끼어드셨죠. 선생님은 아이들에게 이번 여행에 적당한 용돈이 얼마인지에 대해 토의하도록 한 다음, 모든 아이들의 돈을 걸었어요. 아이들은 노트에 이름과 액수를 적고 돈을 냈지요. 선생님은 그 돈을 금고에 넣고 잠가 버렸습니다. 야영을 할 예정이어서 금고가 적격이었거든요. 그리고 날마다 모두 똑같은 금액을 타갔어요. 처음에는 몇몇 아이들이 불평을 하기도 했지만, 곧 순순히 받아들이는 분위기였다고 합니다.

맞아요. 운이 좋았죠. 부모와 선생님들이 의견일치를 보았으니까요. 그렇지 않았더라면 힘들었을 것입니다. 아이들 서로 누구네 엄마는 얼마를 주었느니 하면서 되도록 많이 타가려고 했었을 테니까요."

용돈과 아르바이트 수입

"우리 아이들은 돈을 꽤 많이 벌어요." 대행업을 하는 한 아버지의 말이다. "나는 아들 둘을 두었는데, 아이들이 1주일에 3일 정도 자전거로 우리 사무실의 문서 수발업무를 담당해 주고 있지요. 전에는 자동차로 문서를 배달하는 퀵 서비스를 이용했었는데, 요금이 시간당 18마르크였거든요. 그래서 우리는 아이들에게 이 일을 하도록 한 후, 똑같은 임금을 지불하기로 했지요. 사무실 여직원은 별로 탐탁치 않게 생각하는 눈치지만, 애들이 배달하는 게 훨씬 빠르고 편한데다 또 자전거로 하니까 환경오염도 줄일 수 있는데, 내가 왜 '나이 든 사람'에게 돈을 들여야 하나요. 그렇다고 내가 아이들을 혹사시킨다고 생각하면 곤란해요. 그저 재미있어하니까 시키는 거지요. 사실 아내도 좀 못마땅해하거든요. 특히 요즈음 작은 녀석의 공부가 뒤처져서, 나조차도 이 일을 계속 시켜야 하는지 회의가 들어요. 하지만 이 일 때문에 성적이 나빠졌다는 죄책감은 갖지 말았으면 해요. 자전거 배달일이 그렇게 큰 부담이 됐다고는 생각지 않아요. 어차피 그 시간은 다른 아이들도 이리저리 뛰놀며 보내는 시간인데요 뭐. 하지만 지금 작은아이는 난생 처음 나머지 공부를 하고 있어요. 물론 일도 계속해 나가면서요. 주당 받는 보수에 용돈은 따로 받지요."

아이들은 1주일에 세 번 한 시간 동안 문서를 배달하여 주당 72마르크의 수입을 올리면서, 별도로 주당 18마르크의 용돈을 받는다. 그리하여 12세 소년의 한 달 총수입은 약 2백80마르크가 된다. 마르고 창백하지만 강단이 있어 보이는 막스가 나를 쳐다보고 웃는다. "전 돈이 필요해요. 돈을 모아 신시사이저를 살 겁니다. 신시사이저를 사려면 2,3천 마르크는 있어야죠." 문서 배달일을 시작하면서, 그는 피아노 학원을 그만두었다.

용돈에 대한 만족도

어릴수록 만족한다

용돈에 대한 만족감은 그 액수보다는 나이와 관계가 있었다. 나이가 어릴수록 현재의 용돈에 만족하는 것으로 나타났다. 10세에서 12세 아이들의 50퍼센트가 자신이 받는 용돈에 '매우 만족'하고 있었으며, '매우 불만족'하는 아이들은 5.7퍼센트에 불과했다.

그러나 학년이 올라가고 쓸 곳도 많아지면서 용돈에 대한 불만족도 높아갔다. 14,5세 아이들 중 현재의 용돈에 만족하는 아이들은 28퍼센트에 불과했다. 그리고 대부분의 아이들이 용돈 인상을 원할 때, 그 문제를 부모와 대화로 해결한다고 답해서 권위와 명령이 지배하는 가정이 급격히 사라지고 있음을 보여 주었다. 청소년 전문가들은 오늘날 전체의 약 2/3에 이르는 가정이 아이들을 민주적으로 양육한다고 말한다.

용돈 현황 파악

10세에서 12세 사이의 어린이 24명에게 물었다.

질 문	예	아니오	메 모
1) 용돈을 자기 마음대로 쓰는가?	21	1	쓸데없는 물건만 사지 않는다면(2)
2) 성적이 좋을 때 돈을 받는가?	17	5	가끔(2)
3) 자기 통장을 가지고 있는가?	19	5	—
4) 불우이웃돕기 성금을 내는가?	6	18	—
5) 용돈에 만족하는가?	21	3	—
6) 부모의 한 달 수입이 대략 얼마인지 아는가?	2	22	—
7) 부모님께 선물을 사드리기 위해 저축하는가?			

	4	18	—
8) 집안일을 도우면 돈을 받는가?	3	21	—
9) 할머니 할아버지가 용돈 대신 다른 선물을 사오는 것이 더 좋은가?			
	1	23	—
10) 남학생과 여학생의 용돈이 똑같아야 한다고 생각하는가?			
	24	—	—

부자들이 투덜댄다

부유한 집 아이들의 용돈에 대한 만족도는 낮은 편이었다. 만족한다고 답한 아이들은 약 35퍼센트였고, 대부분은 자신의 용돈에 불만을 나타냈다.

17세의 남학생 크리스토프 벨링어는 이렇게 말한다. "얼마 전 엄마가 내 방으로 들어오시더니, 내 용돈의 반인 1백 마르크를 유고슬라비아인들을 위한 자선단체에 기부하래요. 엄마도 1백 마르크를 기부했다나요. 그래요. 우리 엄마가 1백 마르크를 내는 건 우스운 일이죠. 1백 마르크는 우리 집 전체로 보면 '새발의 피'니까요. 아마 우리 아빠는 눈 깜짝할 새에 1백 마르크를 버실걸요. 하지만 나는 달라요. 내 용돈은 한 달에 2백 마르크고, 1백 마르크면 내 수입의 절반에 해당하죠. 어려운 사람들을 돕지 않겠다는 건 아니에요. 방과후 매일 자선단체로 가서 집짓는 것을 도울 수도 있어요. 그러나 용돈 외의 수입이 없는 내게 용돈의 반을 뚝 잘라내라는 것은 내 생활에 큰 타격을 주는 처사예요."

가난한 아이들은 만족한다

　집안이 가난하여 용돈을 평균보다 훨씬 적게 받는 아이들을 인터뷰한 결과——물론 분명히 설문의 대상이 되었던 아이들보다 더 가난한 아이들도 있을 것이다. 하지만 설문 대상이 되었던 아이들도 평균보다 훨씬 덜 받고 있는 아이들이었다——만족감은 돈으로 살 수 없다는 사실을 알 수 있었다. 대다수의 아이들은 빠듯한 용돈에 아주 만족하고 있었다. 부모님이 버는 것 이상을 줄 수는 없다는 것을 아니까 말이다.

2

당신은 모범적인 부모인가?

당신은 모범적인 부모인가?

Little kids are watching you──우리는 조지 오웰의 빅 브라더[조지 오웰의 소설 《1984》에 나오는 독재주의 국가를 칭하는 말] 개념을 약간 변경시킨 이 말을 언제나 명심해야 한다. 양육은 정말 어려운 일이다. 그것은 책임이 뒤따르는 일이다! 아이들의 눈은 우리의 아주 작은 '실수'까지노 꿰뚫으며, 어느 날 우리의 행동에 대해 '책임을 물을'지 모른다. 우리는 아이들 마음속을 들여다볼 수 없다. 우리 행동이 언제 아이들에게 바람직한 영향을 주는지, 언제 부정적인 영향을 끼치는지 알 수 없다.

우리는 아이들의 거울이 되기에 합당한 사람들인가? 언행이 일치하는가? 돈이 집안 여기저기 아무렇게나 굴러다니지는 않는가? 가계부를 10원 한 장까지 똑떨어지게 쓰지는 않는가? 다음 질문들은 금전 관리에 관한 당신의 현주소를 알려 줄 것이다.

아이들이 당신을 보고 있다!

질 문	점 수
1) 예금 잔고가 얼마인지 알고 있는가?	
예	1

아니오   0

대충   3

2) 친척들의 생일을 잊지 않고 챙기는가?

예   1

잊어버리기 일쑤다   0

대체로 잊지 않는다   3

3) 당신 부모가 구두쇠였다고 생각하는가?

예   0

아니오   3

그럴 수밖에 없었다   2

4) 매달 정해진 액수의 용돈을 쓰는가?

예   1

아니오   2

5) 비싼 화장품을 구입했을 경우, 배우자에게 그 사실을 비밀로 하는가?

예   0

아니오   3

이따금   2

6) 세일한다고 여덟 살난 딸에게 고가 브랜드 옷을 사줄 것인가?

예   3

아니오   2

7) 자동차의 상태를 속속들이 아는가?

예   0

아니오   2

8) 구두쇠는 타고난다고 생각하는가?

예   1

아니오   3

9) 2000이라는 숫자를 보고 제일 먼저 떠올린 생각은?

2000년   2

2000원   0

2000마일 여행   1

10) 자동차가 그런 대로 굴러가는데도 새 자동차를 구입할 것인가?

예   1

아니오   2

11) 약속시간을 정확히 지키는가?

그런 편이다   2

아니오   3

경우에 따라   1

12) 기분전환을 하기 위해 필요없는 물건을 충동 구매한 적이 있는가?

예   3

아니오   1

13) 생활비를 부부가 함께 관리하는가?

예   3

아니오   0

14) 고가의 물건을 사고 배우자에게 값을 속인 적이 있는가?

예   1

아니오   3

이따금   2

15) 아이들과 함께 텔레비전 광고를 보는가?

예   2

아니오   0

16) 수입이 많은 직업만 유망하다고 생각하는가?

예   1

아니오   2

17) 육아에 있어 일관성 있는 태도가 중요하다고 생각하는가?

예   1

대체로 그렇다   2

아니오   3

18) 신을 신발이 있는데도 새 신발을 구입하는 경우가 있는가?

예   3

아니오   2

19) 걸인에게 돈을 주는 편인가?

예   1

아니오   0

20) 가족들의 휴가비를 용돈과는 별도로 지급하는가?

예   1

아니오   3

21) 지난달 전기 요금을 기억하는가?

예   3

아니오   0

22) 자녀가 고의로 잘못을 저질렀을 때, 수습비의 일부를 아이에게
부담시키는가?

예   2

아니오   1

23) 못 입는 옷들은 어디로 보내는가?

중고품 가게에 판다   1

기부한다   3

24) 자녀가 보는 앞에서 실수를 했을 때 어떻게 하는가?

얼렁뚱땅 넘어간다   0

| 솔직히 인정하고 경우에 따라서는 사과한다 | 2 |

25) 아이들이 특별히 잘한 일이 있을 때 어떻게 칭찬하는가?

돈을 준다	0
말로 충분히 칭찬해 준다	3
선물을 사준다	1

평 가

0~18점

근검절약의 표본! 위험부담이 있는 일은 절대로 하지 않는다. 당신을 방문하는 외판원들은 번번이 허탕이다. 아이들은 수학을 어느 정도 깨우쳐야 가까스로 용돈을 받을 수 있다. 당신은 가족 중에 절약정신이 가장 투철하며, 당신 사전에 충동 구매란 없다. 먼 친척들은 당신을 구두쇠라 부른다. 가족들도 서서히 당신을 닮아간다. 하지만 아이들은 한번쯤 기대치 않던 선물이나 깜짝쇼를 바랄지도 모른다. 자녀에게 가끔 그런 기쁨을 선사해 보라. 그리고 때로는 당신이 하고 싶었던 일도 과감히 실행해 보라. 당신의 어딘가에 내재되어 있던 어린 시절의 꿈이 빛을 발할지도 모른다.

19~32점

필요에 따라서는 과감한 지출을 할 수도 있는 사람! 하지만 당신 집안에 정체불명의 돈이란 없다. 당신은 가계부를 굉장히 꼼꼼이 쓰며, 집안의 다른 일노 완벽하게 처리한다. 당신 집은 언제 방문해도 좋을 만큼 깨끗하고, 아이들도 더 이상 바쁜 엄마가 놀아 주기를 기대하지 않는다. "시간 없어"가 당신의 대답이다. 축제가 열리면 아이들을 데려가지만 반드시 조건이 있다. 거기 가서 뭔가 사달라고 조르지 않겠다는 것! 유흥비는 정확한 예산하에 집행되며, 추가예산은 없다. 당신의 완벽함 때문에 가족들은 종종 압박감을 느낀다.

33~52점

중용의 미를 아는 사람! 돈은 중요한 수단이지만, 당신이나 아이들의 삶을 지배하지 않는다. 당신은 아이들에게 재미있고 쉽게 돈을 관리할 수 있는 분위기를 조성해 준다. 그리고 아이들을 텔레비전 앞에 앉혀 놓는 대신, 풍부한 상상력을 동원해 비용을 많이 들이지 않고도 할 수 있는 놀이를 마련해 준다. 가정의 금전 상황은 투명하게 진행된다. 임대·매매·분할·지불계약 등에 있어 당신과 배우자는 평등한 권리를 행사하며, 상대방의 계좌에 대한 권한을 발휘한다. 당신 가정에서는 모든 일이 토론으로 결정되며, 용돈인상에 관한 토론도 이루어진다. 가족 소풍이 중요한 가족 행사인 것은 말할 나위도 없다.

53~65점

돈은 마법의 수단! 돈은 오로지 지출을 위해 존재한다. 쇼핑은 당신의 가장 큰 낙이며, 당신은 자녀들의 꾐에 기꺼이 넘어간다. 용돈은 그때그때의 필요에 따라 지급한다. 당신은 돈이 많이 들더라도 아이들 방을 최상으로 꾸며 주고, 아이들 옷을 예쁘게 입힌다. 하지만 소비에 열광하고 그것을 즐기는 당신도, 아이들이 어느 날 (당신처럼) '이미 사버린 물건들에 싫증을 내면 어쩌나' 약간 불안하다.

3

캐러멜 1페니히어치 주세요!

　길가에 1페니히가 떨어져 있다. 줍겠는가? 1페니히를 주우며 '이게 웬 떡이야?' 하고 기뻐하겠는가? "1페니히를 귀중히 여기지 않는 사람은 탈러(독일제국주의 시대의 은화)를 가질 자격이 없다"라는 격언에 공감이 가는가? 1페니히는 아이들의 동전치기 놀잇감일 뿐이라고?

　아이들은 "1페니히로 뭘 해요?"라고 말한다. 우리도 마찬가지다. 1페니히로는 아무것도 살 수 없다! 하지만 페니히가 모이면 젤리·연필·영화표를 살 수 있는 '돈'이 된다. 그렇다고 페니히가 몇 개 모일 때만 비로소 가치를 회복하는 것은 아니다. 단돈 1페니히가 우리의 무의식 속에서는 굉장한 가치를 지니고 있다. 우리는 그렇게 '하찮은' 1페니히를 이용한 마케팅 전략에 늘 속고 있다.

　초콜릿 한 개에 99페니히. 바나나 1킬로그램에 2백49페니히. 노트 한 권에 1백49페니히. 백화점 이월상품 진열대의 실크 스카프 하나에 9백99페니히.

　단돈 1페니히를 뺐다. 마케팅 전문가들은 이 1페니히가 엄청난 역할을 한다고 말한다. 9마르크 99페니히는 10마르크보다 훨씬 싼 것처럼 느껴진다! 1페니히만 덜 내거 놓아도 굉장히 유리한 구매를 하는 듯한 기분을 느낀다. 1페니히만 비싸도 가격은 9마르크대에서 10마르크대로 한 차원 뜬다. 우습지 않은가! 길가에 떨어진 1페니히는 하찮다고 줍지 않으면서, 9백99페니히라고 매겨진 실크 스카프를 덥석 집어드는 우리는 단돈 1페니히에 유혹당하고 있다.

이 책을 준비하느라 눈코뜰새없이 지내는데, 나이 지긋한 동료 한 분이 소박한 이야기가 적힌 글을 내밀었다. 베라 필링이라는 부인이 그 조카딸에게 보냈던 글로, 1페니히의 귀중함을 다시 한번 생각케 해주는 글이었다.

"오래 전, 제2차 세계대전 이전에는 나도 너 같은 아이였다. 당시 우리는 군것질할 수 있는 기회가 극히 드물었다. 돈이 귀한 시절이었으니까. 이웃 아줌마의 심부름으로 동네 식료품점에 갔다오면, 운이 좋을 경우 1페니하나 2페니히를 받을 수 있었다. 연탄 나르는 일, 아이 돌보는 일, 거리 청소 등이 인기 있는 아르바이트였다. 집안일을 돕는 것은 기본이어서 가사일을 돕고 대가를 받은 적은 거의 없었다. 그 당시는 5페니히만 있으면 레몬 사탕 한줌, 아이스크림 한 주걱, 달팽이과자, 케이크 부스러기 등 맛난 것들을 많이 살 수 있었다. 케이크는 특히 인기가 있었다. 모양을 내느라 솎아낸 케이크 부스러기나 부스러진 비스킷, 운이 좋으면 으깨진 조각을 먹을 수 있었다.

당시에는 1페니히만 있어도 잘미스 캐러멜을 한줌 살 수 있었다. 그 캐러멜은 작은 마름모꼴의 거무스름한 캐러멜로 감초즙과 염화암모늄을 농축하여 만든 것이었다. 우리는 그것을 잘미스라 불렀다. 잘미스가 생기면 우리는 그것을 곧장 입 속에 넣어 버리지 않았다. 캐러멜을 별 모양으로 만들어 손등에 붙이고는 모양이 다 없어질 때까지 천천히 빨아먹었다. 그리고는 다시 한 개를 꺼내 새로운 별을 만들어 붙였다. 그런 식으로 캐러멜 한 개를 오래오래 먹었다.

언젠가 지루한 하교길에 또 잘미스 생각이 났다. 하지만 돈이 없었다. 단 1페니히도…… 집에서 학교까지는 꽤 멀었다. 아침 8시까지 등교하려면 7시 조금 지나서 집을 나와 거의 뛰다시피 가야만 했다. 하지만 하교길에는 느릿느릿 걸었다. 전철도 다니긴 했지만 요금이 10페니히나 되었다. 날씨가 좋을 때는 등하교길이 그리 나쁘진 않았다. 하지만 장마철이나 눈보라치는 겨울엔 정말 힘들었다. 날씨가 좋을 때면, 나는 쇼윈도를 따라 천천히 걸으며 진열장을 구경했다. 거의 보고, 또 본 것들이었지만…… 그리고 공사현장을 지날 때면 아저씨들이 미장일을 하고 있는 것을 구경했다. 또한 구두가게, 열쇠가게, 양복점들을 지나면서 아저씨들이 일하는 것을 열심히 들여다보았다.

그날은 보슬비가 내렸다. 나는 수업을 마치고 축 처진 채 집을 향해 느릿느릿 걸어가고 있었다. 길은 끝도 없는 것 같았다. 잘미스 생각이 간절했다. 지금 잘미스 캐러멜을 먹으면서 걷는다면 얼마나 좋을까! 나는 텅빈 손등을 바라보았다. 거무스름하고 맨질맨질한 별이 눈앞에 어른거렸다. 생각만 해도 입 속에 침이 고여왔다. 1페니히가 필요했다. 1페니히가…….

그때 길모퉁이에 위치한 간이주점 앞에 너덜거리는 옷을 입은 노인 한 분이 눈에 띄었다. 그는 왼손을 뚫어지게 내려다보고 있었다. 술값이 충분한지 동전을 세고 있음이 분명했다. 할아버지는 근시인 듯했고, 얼굴엔 이미 술기운이 만연했다. 그는 동전을 세며 알아들을 수 없는 소리로 중얼거렸다. 나는 눈에 띄지 않게 할아버지를 지켜보았다. 할아버지의 손가락 사이로 1페니히만 떨어져 준다면…… 1페니히만, 제발제발 1페니히만…….

그 순간이었다. 보도 블럭 위에서 조그맣게 '딸그락' 하는 소리가 들렸다. 1페니히였다. 할아버지의 손에서 진짜로 동전 한 개가 떨어진 것이었다. 나는 숨을 죽였다. 가슴이 쿵쾅거렸다. 할아버지가 제발 모르고 지나쳤으면…… 나는 더 이상 한 발짝도 움직일 수가 없었다. 할아버지는 몸을 돌리더니 신발을 질질 끌며 술집으로 들어갔다. 문이 닫혔다. 나는 재빨리 동전 있는 곳으로 돌진했다. 믿을 수 없었다. 그러나 확실했다. 동전이 내게 굴러 들어온 것이었다. 몇 걸음만 가면 상점이 나왔다. '잘미스 1페니히어치 주세요!' 웬 행운의 날이런가. 나는 캐러멜을 빨아먹으며 집으로 느릿느릿 걸었다."

4

생활비는 얼마나 드는가?

　식탁 위에 놓인 코코아 잔에서 김이 모락모락 피어오르고, 바나나와 사과 조각이 들어간 시리얼이 먹음직스럽다. 쉬는 시간에 먹을 빵도 쌌다. 방과후에 음료를 사먹을 돈도 가져간다. 목에는 버스 카드가 걸려 있다.

　학교가 파하면 12시. 버스 정류장에서 집까지는 걸어서 3분이다. 베레나는 학교 가방을 구석에 내팽개치고, 목축일을 돕는 개 베르니에와 잔디 위에서 한바탕 뒹군다. 그리고 점심을 먹고 숙제를 한 다음, 5시가 되면 피아노 학원에 다녀온다. 그리고는 친구 위니네 집에 가서 함께 연속극과 쇼 프로를 보며 빵과 비스킷을 먹는다. 8시쯤 집으로 돌아온 베레나는, 여기저기 기웃거리다가 9시쯤 침대에 누워 음악을 들으며 잠을 청한다. 베레나와 위니는 동갑내기로 이제 9세이다.

　베레나는 자신의 하루 생활비가 얼마인지, 따뜻하고 쾌적한 집에서 배불리 먹고 살기 위해 부모님이 얼마나 힘들게 일을 해야 하는지 생각해 본 적이 없다. 그저 주어진 세계 속에서 살아갈 뿐이다.

　독일에서 한 달 순수입이 3천 마르크 이상인 가구는 68.0퍼센트에 이른다. 신세대 부모들도 비교적 가정을 규모 있게 꾸려 나간다. 그러나 부채 상태가 심각하여, 현재의 수입으로 상환금을 도저히 갚을 수 없는 가정도 1백만을 훨씬 넘어섰다. 빚을 진 '원인'은 다양하다. 실업, 이혼, 질병……. 하지만 금전 관리 경험이 부족한 탓에 무계획적으로 살림을 꾸려 나가다가 빚을 진 경우도 다반사다. "이거 사세요." 상점에서, 백화점에서, 거리에서 자본주의 소비 시장은 끊임없이 우리를 유혹한다. 우리의 개인적인 금전 상황이나 정신 상태는 안중에도 없다. 광고의 유혹에 넘어가지 않을 사람이 얼마나 되겠는가? 물질적 풍요를 누리고 싶지 않은 사람이 어디 있겠는가? 그러다 보면 빚을 지지 않고는 못 배기는 상황까지 이른다. 하지만 그런 실패를 겪고 나서도 자신의 금전 관리 능력에 대해 돌아보는 사람은 드물다.

매달 집세와 난방비·전기·가스·수도 요금·자동차세·기름값·보험료·모임 회비·카드비가 계좌에서 소리 없이 빠져 나간다. 베레나는 한 달에 한두 번 엄마와 함께 은행에 가서 현금출납기가 통장 정리를 하는 소리를 듣는다. 엄마 아빠가 이방저방의 전등을 끄러다니며 "불 꺼— 전기세 나가!"라고 외치는 소리도 듣는다.

독일 아이들의 80퍼센트 이상이 비교적 풍족한 환경에서 살고 있다. 부모들은 아이들에게 최상의 환경을 제공해 주고자 노력한다. 아이들은 아무것도 모른 채 '온실 속의 화초'처럼 지낸다. 집세·적금·생활비·기름값 같은 것은 안중에도 없다.

음악교육가로 세 아이를 둔 막스 앙게마이어의 말이다. "대부분의 아이들은 아무런 걱정 없이 살고 있어요. 이런 아쉬울 것 없는 환경을 만들어 주기 위해 부모들이 얼마나 애쓰고 있는지 알지 못하죠. 최근에 우연히 우리 아이들과 이웃 아이가 하는 얘기를 들은 적이 있어요. 아이들은 정원

울타리 안쪽에 앉아 있어 나를 볼 수 없었죠. '우리 아빠 월급은 1천 마르크도 넘는다!' '우리 아빠는 2천 마르크도 넘는데.' '우리 자동차는 집보다 더 비싼 거래.' 대충 이런 대화였어요. 세상에! 열두 살, 열세 살짜리들의 대화가 거의 유치원생 수준이라니! 자기들 티셔츠나 책값 같은 것은 알아도, 부모의 수입과 생활비에 대해선 무지하기 짝이 없더군요. 개네들은 부모가 버는 돈 전부를 외식하고, 선물 사고, 비디오 보고, 여행하는 데 쓰는 줄 알고 있어요. 산다는 것 자체가 얼마나 돈이 드는지, 그리고 그러기 위해 부모가 얼마나 열심히 살아야 하는지 전혀 모른다니까요. 하지만 그걸 어떻게 가르쳐요? 학교에서 배우지도 않는데……"

은행 창구에 가서 신용대출과 이자율과 연수익에 대해 진지하게 묻는 소년은, 은행의 홍보책자나 광고지에서나 볼 수 있다. 캐시 카드를 이용하여 현금출납기에서 돈을 인출하는 청소년들만 종종 눈에 띌 뿐이다.

또한 부모들은 아이들 앞에서 가정의 수입 운운하는 것을 금기시한다. 아이들한테 "그런 얘긴 해서 뭘 해요!" "아무것도 모르는 아이들은 우리 집이 대단한 부자나 되는 줄 알 거예요." "설명해 봤자 이해나 하겠어요?"가 그들의 대답이다. 생활비가 얼마가 드는지 아이들은 알지 못한다. 자신이 가지고 싶은 물건값만 알 뿐이다. 커갈수록 요구는 늘어난다. 9세에서 12세에 이르는 아이들의 30퍼센트가 게임 소프트웨어 및 게임기를 원하며, 20퍼센트는 비싼 자선거나 오토바이, 14퍼센트는 오디오·CD·카세트를 가지고 싶어한다. 장난감에 관심 있는 아이들은 12퍼센트에 불과하다. 12세가 넘어가면 장난감에 대한 관심은 완전히 사라지고 자전거나 오토바이가 1위(37퍼센트), 오디오와 CD가 2위(18퍼센트)를 차지한다.

아이들에게도 가정의 한 달 생활비가 얼마나 드는지를 자연스럽게 알려 주어야 한다. 물론 초등학교 2학년생에게 난방비와 전기세 등 모든 경비가 빠져 나간 통장을 코앞에 들이대면서 설명해서는 안 된다. 그런 방법으로는 지루할 뿐 아니라 이해할 수도 없다. 아이는 종이에 찍혀 있는 숫자를 '돈'으로 느끼지 못한다. 돈을 실제로 보여 주어야 한다.

아빠, 아빠의 월급이 얼마죠?

각 기업의 보수와 봉급체계가 공개적으로 논의되고 있는 이때, 이런 질문은 더 이상 어색한 물음이 아니다. 생활 수준(집, 자동차, 옷, 여행, 여가시간)으로 대략의 수입을 추정할 수 있을 뿐 아니라, 정치가들과 최고경영인들의 월급이 주간지에 공고되는 실정이다. (미국에서는 사업가들이 자신의 연봉을 명함에 인쇄해 가지고 다니는 추세다!)

열린 분위기 속에서 가정의 수입과 지출에 대해 아이에게 솔직하게 설명해 주면, 아이들은 자신을 당당한 가족 구성원으로 느끼게 되고, 용돈을 줄일 일이 생겨도 쉽게 용납한다. 아이들에게 시리얼에서부터 난방비에 이르기까지 생활비가 얼마나 드는지 가르쳐 보자.

함께 모여 생활비를 계산하자

월급날 저녁, 은행에서 한 달 생활비 총액을 여러 종류의
지폐와 동전으로 찾아와 테이블에 펼쳐 놓으라. 그러면 생
활비 산출을 위한 재미있는 활동을 할 수 있다.

가족들 모두 테이블 주위에 둘러앉는다. 큰아이가 돈을
받아 같은 종류끼리 분류해 놓는다. 엄마는 지출 내역을 적
은 리스트를 준비하고, 편지 봉투를 여러 장 마련해 놓는다.
한 사람이 지출 내역을 읽고, 다른 가족들이 그것들을 봉투
에 기입한다. 그리고 보충할 것이 있으면 보충한다. 약 25개
의 봉투가 필요할 것이다.

고정 지출

* 집세(자가인 경우 그에 따라 들어가는 부대비용)와 쓰레
기세, 공동 전기세, 청소비
* 전기, 가스, 수도 요금
* 난방비
* 보험 및 연금
* 의료보험료
* 자동차보험, 자동차세
* 친목 모임, 스포츠 클럽, 헬스 클럽 회비
* 가족들 용돈
* 파출부, 또는 베이비시터 고용비

- 유치원비
- 학비, 교육비
- 전화 및 팩스 요금
- 할부금
- 저축

  총 14항목:　　　　　원

용돈은 고정 지출 항목으로 잡는다. 대출상환금·부양비 등 다달이 의무적으로 들어가는 돈은 할부금에, 여행을 목적으로 모으는 돈은 '저축'에 포함시킨다.

유동적 지출

- 양식 및 음료
- 담배, 주류 등의 기호품
- 의류, 신발(수선도 포함), 세탁비
- 세제 및 샤워 용품
- 화장품, 신체 및 건강 관리비
- 우편 요금, 선물비, 기부금
- 교양, 오락, 여가비
- 자동차 유지비
- 교통비
- 물건 구입 및 수선비
- 기타

  총 11항목:　　　　　원

생활비를 구체적인 항목으로 분류해 보는 것은 아이들뿐 아니라 부모에게도 유익하다. 집안 살림을 점검하는 기회가 되기 때문이다. 식비는 식료품 구입 영수증을 모았다가 한 달치를 몰아서 계산해 보면 알 수 있을 것이다. 기호품비(주류, 차, 커피, 담배)를 식비와 분리해 보면, 기호품비가──의외로 많이 들 것인데──어떤 비중을 차지하고 있는자 확인할 수 있다.

자녀에게 의류구입비를 별도로 지급하고 있다면, 용돈 명목의 봉투 외에 의류구입비 봉투를 마련한다. 퍼머 또는 커트비·목욕비·의약품·안경·맛사지 비용 등은 신체 및 건강 관리비에, 잡지 구독·연극·영화·오페라·야외 콘서트·운동경기 관람 등의 문화비는 '교양, 오락, 여가비' 항목에 포함시킨다. 가족 소풍비는 공동으로 부담하고, 가능하면 개개인의 용돈에서 떼지 않도록 하라. 집안 수리비나 살림 용품을 구입한 비용은 '물건 구입비' 항목에 넣는다. '기타'에는 애완동물 먹이, 가축병원 진료비, 발코니 화분 및 정원 가꾸기, 비료와 씨앗, 생일 잔치와 그밖의 가족 행사에 지출되는 돈이 포함될 것이다.

모든 봉투가 채워졌는가? 테이블에 있던 돈이 모두 바닥 났는가? 돈이 모자라는 경우, 줄여야 할 부분이 어디인지 다시금 생각해야 한다.

아이들은 이런 흥미로운 활동을 통해 가정 살림이 어떻게 돌아가는지를 처음으로 알게 될 것이다. 많은 양의 돈이 모두 봉투로 들어가는 것을 보며 자못 놀랄 것이다.

하지만 아이들은 상황에 대한 이해가 빠르다. 당당한 가족 구성원으로서 능력에 맞게 일을 감당할 수 있다. 돈에 대하여 터놓고 이야기했던 가정들의 이야기를 들어 보자.

화랑에서 일하는 가비 게르버의 말이다. "친구네 이야기를 하고 싶군요. 친구는 화상(畵商)인데 재혼하여 전부인이 낳은 두 아이와 지금의 아내가 낳은 두 아이, 모두 네 명의 아이를 두고 있어요. 몇 년 전, 그는 열심히 일했음에도 파산 직전에 처했던 적이 있었죠. 처음엔 그 사실을 숨겼어요. 아이들은 물론 아내에게도요. 무능력한 아버지로 비쳐지는 것이 두려웠죠. 하지만 끝까지 숨길 수는 없었어요. 아이들도 차츰 그런 상황을 알게 되었죠. 그러자 아이들은 힘을 모아 부모를 돕고자 했어요. 지금 그 친구는 그때 침몰해 가는 가정을 구한 것은 바로 아이들이었다고 말합니다. 큰 아이가 열여섯 살 때였지요. 아이들은 생활방식을 완전히 바꾸기로 했습니다. 정말 감동적이었죠. 집의 절반을 임대했고, 자동차와 비싼 회원권을 팔아치웠으며, 여러 면에서 검소한 생활을 시작했어요. 그러면서 심지어 재미있어하기까지 했어요. 친구들을 잃어버리는 등 가슴 아픈 일도 있었지만, 그런 상황을 통해 배운 것도 많았지요. 기름값이 없어 방에 불을 넣을 수 없게 되었을 때에야, 아이들은 따뜻한 집에서 사는 데는 돈이 든다는 걸 깨달았지요."

4세에서 16세에 이르는 아이 넷을 키우는 교사 베른트 노이만은 이렇게 말한다. "우리 아이들은 자칭 환경운동가들입니다. 물론 좋은 현상이죠. 집에서도 얼마나 에너지 절약을 철저히 하는지 몰라요. 우린 슐레스비히에 살다가 2년 전 이곳 베를린으로 이사하였는데, 처음에 아이들은 거의 충격을 받았었죠. 베를린에 와보니 자기들의 생각에 공감해 주는 친구들이 거의 없는 거예요. 우린 대도시라서 그렇다며 아이들을 위로했지만, 아이들은 포기하지 않았습니다. 이제 셋째아이는 '그린팀' 이라는 환경 서클까지 창단했지요.

　그러던 어느 날 아이들은 생활비를 좀더 절약하자며, 매달의 고정 지출을 몇 개 분야로 나누어 각자 한 분야씩 관리한 다음 연말정산을 해보기로 했습니다. 카를로스는 수도·전기·가스 요금 및 잡지 정기구독을 맡았고, 열두 살 티니는 전화 요금을 맡았습니다. 그 바람에 나는 전화 요금 자동이체까지 취소하여야 했죠. 그리고 두 동생은 모임 연회비, 정기권, 스포츠 클럽 회비 등 잡비를 맡았습니다. 아이들은 장부 정리를 위해 서류철까지 만드는 등 일을 아주 잘 해냈고, 일하는 과정에서 계좌이체를 어떻게 하는지, 수표를 어떻게 발행하는지, 생활비가 얼마나 들어가는지 등을 배우게 되었습니다. 성악을 하는 아내는 결코 검소하지는 않거든요. 나와 아이들은 우리의 탁월한 재정경영 능력 덕분에 그런 사치스런 여자를 건사할 수 있다고 자부합니다."

　편집인으로 두 아이를 둔 군나 제크만은 이렇게 말한다. "어느 날 맏딸 게리트가 수집할 우표를 찾는답시고 내 책상을 뒤지다가——나는 누군가가 내 책상에 손대는 것을 몹시 싫어합니다——책상 서랍에 넣어둔 월급명세서에서 7천 마르크라는 거금을 읽게 되었죠. 게리트의 용돈은 매달 45마르크로 열두 살짜리치고는 그리 적은 편도 아닙니다만, 내 월급명세서를 본 게리트는 입이 이만큼 나와서 용돈은 쥐꼬리만큼 주면서 설거지를 시킨대나 어쩐대나, 설거지 몇 번 한 걸 가지고 투덜대기 시작했어요. 정면 돌파를 하는 수밖에 없었지요. 나는 먼저 게리트에게 총수입과 순수입의 차이를 설명해 주었어요. 게리트는 중학생인데도 그런 것에 대해서는 깜깜하더군요. 다음달 월급이 나왔을 때, 나는 순수입 전부를 은행에서 찾아왔어요. 이어 아내는 게리트가 볼 수 있도록 모든 지출 내역을 적었고, 열 살짜리 아들아이가 돈뭉치를 항목별로 분류했지요. 보험료·집세·전화 요금·전기·자동차·난방비·의류비 등……. 그러자 게리트는 아무 말도 하지 않았어요. 좀더 빨리 그런 걸 알려 주었어야 했는데 하는 생각이 들더군요."

대학생인 마르가레테 프리케(24세)는 이렇게 말한다. "부모님은 내가 어릴 때 이혼하시고, 엄마 혼자 나를 키우셨어요. 엄마는 프리랜서 그래피커로 일했는데 수입이 그리 많지 않았죠. 아버지한테서는 한푼도 받지 못했고요. 예닐곱 살이나 되었을까, 아무튼 아주 어렸을 때부터 엄마는 내게 가질 수 있는 것과 가질 수 없는 것을 분명히 알려 주셨죠. 물론 나도 사고 싶은 것들이 많긴 했지만, 그런 것들을 사 달라고 떼를 썼던 기억은 없어요. 지금 생각해 보면 엄마는 강요하기보다는 스스로 판단하도록 했던 것 같아요. 종종 '무엇이 더 중요하니?' 하고 물으셨죠. 가령 '새 스웨터가 먼저니, 전화 요금이 먼저니?' 하고 말이에요.

그렇다고 엄마가 구두쇠였던 건 아니에요. 엄마는 무척 관대했고, 내게 꼭 필요한 것은 부담이 되더라도 해주셨지요. 프랑스에서 교환학생으로 온 친구를 1년 동안 우리 집에서 묵게 해주시기도 했죠. 그 친구와 난 1년 동안 많은 추억거리들을 만들었어요. 아무리 어려도 솔직하게 말하고, 스스로 판단하도록 믿어 준다면 가족에 대한 책임감을 느낄 수 있다고 봐요. 나는 지금도 내가 가난하고 고통스런 유년기를 보냈다는 느낌은 전혀 없어요."

5

광고의 폐해

"나랑 놀지 않을래?" "우리 놀러 나갈까?" "이 옷 어때?" 예쁜 인형이 묻는다. 베레나는 벌써 꽤 오랜 시간을 발그레하게 상기된 얼굴로 입이 헤벌어진 채 뚫어져라 텔레비전을 쳐다보고 있다. 텔레비전에서는 지금 바비인형 선전이 나오고 있다. 3명의 아역배우가 손에 인형 하나씩을 들고 함박 웃음을 짓고 있다. 동시에 "너 알고 있니, 이 인형은 너와 진짜로 이야기할 수 있어"라는 여가수의 감미로운 노래가 들린다. 바비인형의 입과 연결된 대화주머니에는 "너와 이야기할게"라는 대사가 씌어 있다. 그 밑으로 '바비'라는 로고와 제조회사의 로고가 보인다.

텔레비전 앞의 어린 시청자는 넋을 잃는다. 별것 아닌 기술(말하는 인형)이 기적처럼 느껴진다. 텔레비전 속의 인형이 진짜 자기 자신에게 이야기하고 있는 듯하다. 리드미컬하고 기분 좋은 키보드 음악과 반짝이는 조명, 여가수의 감미로운 음성, 귀여운 여자아이들의 목소리가 베레나의 귀를 울려댄다. 현실과 픽션이 혼합된다. 바비인형의 로고가 꼬마 시청자의 기억 속에 살며시 입력된다. 선전이 이어지는 20초 동안 아역배우늘과 바비인형들이 어찌나 행복하고 즐거워 보이는지, 베레나도 기꺼이 그같은 행복을 느끼고 싶다.

"너는 내 친구야!" 인형이 말한다. 베레나는 아무 말도 하지 않는다. 텔레비전 속의 인형이 자기 말을 알아들을 수 없다는 것을 알기 때문이다. 그럼에도 불구하고 그 인형의 말은 베레나의 무의식 속에 박힌다. "요즘 어떻게 지내니?" 인형은 베레나를 쳐다보며 말한다. 베레나는 입을 다문 채 방으로 들어가 자기 인형을 들고 나온다. 베레나의 인형은 말을 할 수 없다. 그 인형은 최신 모델이 아니다. 베레나는 외롭고 슬프다. 자신의 바비는 벙어리이며 예쁘지도 않다. 새 옷도 없고, 베레나더러 놀자고 하지도 않는다.

베레나는 1시간만 지나면 텔레비전 '친구들'과 바비인형을 또 만날 것이다. 내일도, 그리고 모레도……. 1993년 11월(크리스마스를 앞둔 시즌), 열두 종류의 다양한 바비인형 선전이 반복에 반복을 거듭하여 방영되었다. 토요일 8시에서 14시까지, 6시간 동안 바비인형 선전은 자그마치 15번이나 나왔다. 결과는 뻔하다. 여자아이들 방에 바비인형이 줄지어 서 있는 것!

남자아이들도 다를 바 없다. 1993년 11월, 불과 3,4시간 만에 닌텐도 게임기 선전은 20회나 전파를 탔으며, 1주일 동안 무려 3백65회나 방영되었다. 아이들은 비디오 게임에 홀딱 반하고, 크리스마스 선물은 모두 획일화된다.

광고 전문가들은 아직 학교도 들어가지 않은 여자아이들을 가상 친구들의 세계로 유혹한다. 남자아이들은 우주왕복선·괴물·로봇과 함께 하는 모험과 권력, 액션과 스릴의 세계를 경험한다.

선전되는 상품은 아이들의 삶에 중요한 의미를 지닌다. 바비인형·우주왕복선·로봇이 친구를 만든다. 선전에서는 모든 것이 간단하고 쉽다. 사건은 멋드러지게 해결된다. 미진한 채 남아 있는 것은 아무것도 없다. 불확실한 것도, 미심쩍은 것도 없다.

광고인들의 과제는 목표 집단의 구매를 조장하는 것이다. 텔레비전에 선전이 나오기까지 다양한 전문가 집단이 많은 정신적·물질적 투자를 한다. 슈퍼마켓에서 쵸코바가 아이들의 입 속으로 튀어 들어갈 때까지, 선전과 어린이 프로·쇼 프로·퀴즈 방송은 아이들을 유혹한다. 아이들이 가장 좋아하는 것은 친구와 노는 것과 텔레비전을 보는 것이다. 매체 전문가들의 연구 결과, 6세에서 13세 아이들의 하루 평균 텔레비전 시청시간은 1백4분이라고 한다. 하지만 항간에는 텔레비전 보는 시간이 학교에서 보내는 시간보다 더 길다는 보고도 있다.

모든 채널을 통합하면, 아이들을 대상으로 한 선전은 하루 평균 약 6백25편이 방영된다. 하루 2백8분이 전적으로 선전만을 위해 할애되는 시간이며, 한 해 동안 9백 시간, 즉 37일을 선전만 한다! 그리고 그 중 20퍼센트 가량이 아이들을 겨냥한 광고다. 1993년을 기준으로 민영 방송은 어린이 광고비로 한 해 3억 1천만 마르크를 벌어들였다. 물론 한 사람이 모든 방송의 모든 광고를 볼 수는 없는 일이다. 하지만 이런 통계만으로도 텔레비전 광고가 가하는 압력이 얼마나 대단한지를 알 수 있다.

만 3세부터 텔레비전 앞에 앉기 시작하는 아이들은 금세 광고의 희생양이 된다. 취학 이전의 아이들은 드라마와 다큐멘터리, 현실과 픽션을 구별할 능력이 없다. 선전에 나오는 장면이 가상이라는 것을 알지 못한다. 그들에게 선전은 실제로 일어나고 있는 현실이다.

아이들은 백지

크리스마스 시즌에는 1주일에 약 1만 5천 편, 평소에는 약 5천 편의 광고가 방영된다. 그 중 아이들을 겨냥한 광고는 40퍼센트에 이르며, 주로 취학 이전의 아이들이나 초등학교 아이들을 배우로 등장시킨다.

기업들은 자기 회사 광고를 인기 프로 사이에 집어넣고 싶어한다. 특히 토요일이나 일요일 오전에는 광고가 넘친다. 그 시간은 주로 부모들이 쇼핑을 가거나 늦잠을 자는 시간으로 마텔·디즈니·닌텐도가 장악하는 시간이다.

자정 무렵 베를린의 한 주택가 거리. 5층짜리 아파트 맨 꼭대기층에서 오렌지빛 불꽃과 함께 까만 연기가 솟아오른다. 다행히 바람은 잠잠하다. 소방차와 앰뷸런스·순찰차들이 사이렌 소리와 함께 경광등을 번쩍이며 달려오고, 이어 소방관들이 분주히 뛰어다닌다. 소방대장의 메가폰 소리에 맞춰 구명보가 매어지고, 두 개의 사다리가 위쪽으로 걸쳐진다.

맞은편 M씨네 집 가족들은 발코니에 나와 구경한다. 더 이상 불이 번질 것 같지는 않다. M씨의 아들 니코(8세)는 흥분하여 발코니 난간을 꽉 잡은 채 눈을 반짝이며 구경한다. "와우, 정말 죽이는군. 텔레비전에 나오는 거랑 똑같아!"

엄마는 웃으며 아들의 머리를 쓰다듬는다. "이 아이는 텔레비전 광고를 얼마나 똑같이 흉내내는지. 가끔 사람을 웃긴다니까요." 매일의 텔레비전 프로그램이 니코에겐 매일의 현실이 되어 버렸다. "니코는 그렇게 텔레비전을 많이 보진 않아요. 오후에 어린이 프로를 보고, 초저녁에 동물의 세계 같은 거나 볼 따름이지요."

그렇다고 니코가 잔디밭을 뛰어다니거나, 나무를 타거나, 장난감 딱총을 모으거나, 식물의 뿌리를 캐보거나, 곤충을 찾아다니는가? 그렇지 않다. 채널 1의 〈보난자〉와 RTL의 연속극 〈좋은 시절, 나쁜 시절〉이 니코의 현실일 뿐이다.

아동산업은 호시절을 누리고 있다. 아이들은 기업들의 목표에 척척 따라온다. 만화영화들과 연속극·쇼 프로들도 광고와 별반 다를 바 없다. 텔레비전에 등장하는 상품들은 확연히 알아볼 수 있을 정도이며, 민영 방송에서는 브랜드명까지 명확히 거명된다.

어린이 프로가 제작되기 전에, 그 프로에 등장하는 주인공을 캐릭터로 한 상품화 계획이 세워진다. 코끼리·수코양이·쥐·세인트 버나드·곰 같은 연속 방송물 스타들은 봉제 동물완구로, 색칠 그림책으로, 화장품과 티셔츠로, 책으로 제작되어 시장에 나온다. 그런 캐릭터 상품들은 텔레비전 주인공이라는 이유만으로 불티나게 팔려 나간다. 독일에는 약 4백 종의 라이선스 상품들이 있다!

가령 X방송의 만화 주인공인 수코양이가 등장하는 비디오가 Y프로덕션에서 출시될 때면, X방송을 통해 여러 번 예고된다. 또한 그 캐릭터를 주인공으로 한 책이 Z라는 출판사에서 나올 때도 마찬가지이다. 부모들은 아이들이 그런 상품들을 굉장히 잘 알고 있는 것에 놀란다. 독일의 라이선스 상품 매상고는 연간 20억 마르크에 달한다. 그리고 그런 상품화 계획이 없다면, 양질의 프로그램들이 전파를 탈 수도 없을 것이다. 그런 프로그램의 제작비는 캐릭터 상품을 판 수입에 의존하고 있으니까 말이다.

그러나 아이들은 텔레비전 친구들이 광고에서, 그저 재미로 이리 뛰고 저리 뛰는 것이 아니라는 걸 알아야 한다. 그것은 그들의 '일'이다. 그리고 그들은 그 일을 계속하고 싶어한다. 그들이 50마르크짜리 곰인형을 어디어디에 가면 구입할 수 있다는 말을 하는 이유는, 시청자 친구들이 너무 사랑스러워서가 아니라 방송국과 특허권자, 기업과 대행사들이 그 상품을 팔아 수익을 올려야 하기 때문이다.

아동 대상 광고도 성인 대상 광고와 마찬가지로 전문화되어 있으며, 효과는 성인 광고보다 훨씬 크다. 아이들이 광고와 드라마, 픽션과 현실을 구별하지 못하며, 한 가지 광고로 비슷한 부류의 상품들까지 선전되는 연쇄 효과가 유발되기 때문이다.

아이들을 대상으로 한 영리추구를 완전히 몰아낼 수는 없다. 텔레비전을 끄는 것은 꿈속에서나 가능할 것이고, 어떤 아이들은 꿈속에서까지 텔레비전을 볼지도 모른다. 교사와 부모와 상담가들은 신경질적이고, 깊은 수면을 취하지 못하는 아이들이 늘어나는 것을 염려하고 있다. 텔레비전이나 광고를 비난하자는 게 아니다. 다만 순진무구한 아이들을 그 모습 그대로 노련한 광고 전략에 내맡기지 말자는 이야기다.

아이들은 텔레비전뿐만 아니라 다각적인 매체의 영향을 받고 있다. 연간 발행되는 아동잡지의 종류만도 1백 가지가 넘고, 매상고는 1억 3천만 부에 이른다. 비디오와 컴퓨터 게임도 무시할 수 없는 매체다. 광고용 컴퓨터 게임들도 있으며, 게임에 광고 모티브를 집어넣을 수도 있다. 컴퓨터 게임이 팔리는 양에 따라 그 게임에 삽입되는 광고료도 수천 마르크까지 올라간다. 히트한 비디오 게임 하나가 헐리우드 오락영화 한 편보다 더 많은 이윤을 가져온다. 영화도 마찬가지이다. 영화도 유행과 경향을 보여 주는 매력 있는 광고 수단이다.

광고의 희생양

텔레비전·라디오·신문·잡지·플래카드 외에도 별로 의식 없이 대하는 여러 '광고매체'들이 있다. 고객회원제도·텔레마케팅·전단지·홍보용 우편물·팜플렛 등이 그것이다. 고객의 주소는 쉽게 확보할 수 있다. 주소를 서로 사고팔기 때문이다. 아동잡지에 터무니없이 높은 가격이 매겨져 있는 것도 반송률이 50퍼센트에 이르기 때문이다. 부수적으로 드는 우편료도 몇십만 마르크에 육박한다.

당신의 아이는 어떤 브랜드의 고객회원인가? 회원권·회원엽서·회원증명서는 무료이다. 하지만 그와 더불어 광고 전단지·주문장·설명서가 밀려 들어온다.

어느 날 베레나는 바비인형들을 떠나 록 콘서트로 간다. 그리고는 무대에 등장한 록 그룹을 향해 목이 터져라 환호한다. 베레나의 방에는 팝 매거진과 록 그룹이 발표한 최신 앨범이 있으며, 그 그룹의 브로마이드가 걸려 있다. 그 그룹을 캐릭터로 한 손목시계와 티셔츠·침대 커버·봉제 완구, 이 모든 것이 시중에 나와 있다. 그 그룹을 관리하는 회사는 라이선스를 갖고 똑같은 유사품들을 추방하며, 수백만 마르크에 이르는 이윤에 침을 흘리고 있다. 베레나 같은 아이들의 용돈으로 얻은 이윤이다.

부모들과 교사들은 대중매체가 야기한 아이들의 광기와 히스테리에 속수무책이다. 그러면서도 그 책임을 대중매체 시장에 돌리지 않는다. 왜일까? 몰라서다. 아이들의 감수성과 동경을 이용하여 돈벌이에 급급한 청소년 잡지나 청소년 텔레비전 프로를 눈여겨보는 부모는 없다. 더욱이 아이들은 그런 문제를 부모와 이야기하고 싶어하지 않는다. 그들만의 세계라고 생각하는 것이다. 그러므로 부모가 갑작스럽게 그런 문제를 가지고 아이들과 억지로 대화하려고 들면 부딪치기만 할 뿐이다. 부모가 자기 취미를 갑자기 경멸하고 나서는 것을, 아이는 불필요한 간섭으로 느끼고 공격적으로 반응한다.

또한 어른들 역시 광고의 손아귀에 잡혀 있다. 어른들은 광고 문구를 한쪽 귀로 듣고 한쪽 귀로 흘려 버리며, 순수 정보와 서투른 사기를 분별할 수 있다고 자신을 합리화하지만 그것은 사실과는 거리가 먼 듯하다. 충동 구매를 하거나 쓸데없는 물건을 사고 후회하는 사람이 많다. 점점 많은 사람들이 점점 세련된 방법으로 유혹하는 광고의 희생양이 되고 있다!

크리스마스를 앞두고 온갖 '사탕발림'을 동원하여, 아이들이 좋아하는 프로 사이사이에 같은 광고가 3백65회 이상 반복되면 더 이상 유혹을 견뎌낼 아이가 없다. 그는 크리스마스 선물로 이 상품을 갖고 싶어하게(가져야만 하게) 된다.

광고가 전혀 쓸데없다는 것은 아니다. 물론 광고는 필요하다. 광고 자체는 생산자에게도 소비자에게도 도움이 되는 수단인 것은 분명하다. 통독 전 동독의 회색빛 건물들, 상점도 광고도 없는 거리들이 얼마나 황량하게 느껴졌었는가! 그런 모습 속에서 우리는 아기자기하게 장식된 벽과 요란한 현수막·네온사인·세일 광고들을 그리워했었다.

그러나 지금 멀티미디어 광고 전문가들과 순진무구한 어린아이들 사이에는 균형 있는 파트너 관계가 성립되지 않는다. 한쪽은 가해자요, 한쪽은 희생양일 뿐이다.

아이들이 광고에 무작정 희생당하지 않게 하는 방법은 없을까? 아이들로 하여금 계속되는 광고에 비판적이고 신중하게, 자신 있게 대처하도록 하려면 어떻게 해야 할까? 텔레비전 시청이나 잡지 구독하는 문제로 토닥거리지 않으면서도 아이들을 도와 줄 방법은 없을까?

결심과 실천

의식 있는 부모들의 결심:
── 취학 이전의 아이들을 혼자 텔레비전 앞에 앉게 하지 않는다.
── 하루에 어린이 프로 하나씩만 보도록 한다.
── 가능하면 광고가 많지 않은 공영 방송을 보게 한다.
── 체험적 요소가 강한 놀이와 활동 ── 가능하면 밖에서 ── 을 권장한다.
── 이웃 아이들과 어울려 놀게 한다.
── 어려서부터 아이를 가사노동에 참여시킴으로써, 텔레

비전을 통한 수동적 오락이 아닌 다른 쪽의 관심을 불러일으킨다.

　——초등학생 정도의 아이들이라면 '광고'의 의도를 정확히 설명해 준다. (그들이 원하는 것은 너의 용돈일 뿐이야!)

　——텔레비전이 가정의 중심에 자리잡지 않도록 한다.

　——독서, 악기 연주, 그림 그리기, 실험, 정원 가꾸기 등 대안 활동을 장려한다…….

좋은 결심들이다. 그러나 이런 결심을 실천하려면 많은 노력이 필요할 것이다. 결코 쉽지는 않을 것이다. 대학생이자 주부인 로레 마르비츠(24세)의 말을 들어 보자. "우리 식구는 남편 베른트와 두 돌된 아들 필리파, 나 이렇게 셋입니다. 남편 베른트는 얼마 전까지만 해도 텔레비전광이었어요. 텔레비전 때문에 대화는 실종되었고, 남편은 매일 밤 텔레비전 앞에서 잠들었죠. 여름에는 그래도 나았어요. 아이와 함께 정원에 나가 있으면 되었으니까요. 하지만 겨울에는 정말 참을 수가 없었죠. 남편은 목석같이 앉아 텔레비전만 바라보고 있을 뿐 부부싸움조차 불가능했어요. 남편의 유일한 아빠 노릇은 아이를 무릎에 앉히고 함께 텔레비전을 보는 것이었죠! 정말 끔찍했어요! 어느 날 나는 화가 머리끝까지 나서 텔레비전을 집 밖으로 내다 놓고 현관문을 잠가 버렸죠. 저녁 무렵 남편이 돌아오자, 나는 곧 커다란 소란이 벌어질 거라고 생각했어요. 그런데 아무 소리도 나지 않았어요. 2시간 내내 이상한 정적만 감돌 뿐. 그러더니 갑자기 쨍그랑 소리와 함께 뭔가를 쾅쾅 부수는 소리가 들렸어요. 나가 보니 남편이 커다란 망치로 텔레비전을 내리치고 있었어요. 마치 영화의 한 장면 같았지요. 갑자기 웃음이 터져 나왔어요. 우리 둘은 마주 보며 큰 소리로 웃었습니다. 일종 의 해방의 웃음이었죠. 그 이후 우린 텔레비전 없이 살고 있고, 앞으로도 구입하지 않을 겁니다. 어차피 아이를 위해서도 잘된 일이죠!"

교사인 한네 예거의 말이다. "우리 집 거실엔 텔레비전이 없어요. 자명종 역할을 하는 작은 텔레비전이 부부 침실에 있을 뿐, 우리 아이들은 거의 텔레비전을 보지 않죠. 그렇다고 우리 아이들이 달나라에 사는 것은 아니에요. 그들 역시 또래 친구들과 비슷한 장난감들을 가지고 놉니다. 다만 그리 많지는 않지요. 바비인형도 딱 한 세트 있습니다. 대모님이 선물해 준 거죠. 대모님이 아니었다면 바비인형을 만져 보지도 못했을 텐데 말입니다. 나는 늦은 나이에 아이를 낳았기 때문에 사전지식이 많은 편이었어요. 매일매일 텔레비전 시청시간과 채널을 놓고 옥신각신하는 친구네를 보면서 그건 아니라고 생각했죠. 아이들은 막무가내로 자신들이 원하는 프로그램을 고집하고, 결국엔 부모가 지게 되더라구요.

우리는 텔레비전이 부부 침실에 있는데다, 주말에는 우리 부부가 늦잠을 자기 때문에 아이들은 텔레비전을 볼 수가 없습니다. 대신 저는 매주 아이들을 데리고 시립도서관에 가서 보고 싶은 책을 마음껏 골라 보게 하지요. 아이들이 좋아하는 만화책도 보게 하구요. 뭔가를 읽는 것은 적어도 머리를 쓰게 하니까요. 하지만 텔레비전은 사고력을 마비시킵니다. 입이 헤벌어진 채 멍하니 텔레비전만 들여다보고 있는 아이들은 정말 유감입니다."

도서관 사서인 크리스티안 킨더만(43세)은 이렇게 말한다. "우리 집은 기술적인 고장이 도움이 된 케이스입니다. 안테나 고장으로 텔레비전은 다락방에서야 겨우 나오는 상태가 되었죠. 다락방은 난방도 제대로 되지 않는 삭막하고 협소한 방이거든요. 그러니 그래도 텔레비전을 봐야겠다는 사람은, 옷을 두껍게 껴입고 다락방으로 올라가 딱딱한 바닥에 앉아 있을 수밖에요. 그래요. 언젠가는 안테나를 고치겠지요. 하지만 텔레비전은 다락방에 그대로 둘 겁니다. 거실 한가운데를 차지하고 있던 텔레비전을 다락방으로 옮긴 후, 거실을 다시 꾸몄거든요. 예전보다 훨씬 좋아졌어요. 거실 중앙에 커다란 테이블을 갖다 놓고 거기서 함께 먹고, 이야기도 하고, 카드 게임도 하고, 숙제도 하고, 편지도 쓰고……. 텔레비전에 밀려 할 수 없었던 모든 일들이 이제 다시 시작되었습니다. 가정의 참모습을 되찾게 된 거죠."

어린이 방 ——시청각실?

텔레비전, 비디오, 최신 컴퓨터, 오디오 등 멀티미디어 시설이 완벽하게 갖춰진 어린이 방이 있다. 그러나 통계적으로 보면 교육을 중시하는 것과 다중매체를 구비하고 있는 것은 전혀 별개다. 인문계 학생들의 방이, 제약을 받지 않고 '밤 늦게까지 텔레비전을 볼 수 있는' 실업계 학생들의 방에 비해 '빈약하게' 꾸며져 있다. 아이들 방을 '시청각실'로 만드는 것은 금전 문제가 아니라, 생활방식과 교육적 필요의 문제인 듯하다.

광고 분석

네 아이를 둔 베른트 노이만 씨는 이렇게 말한다. "우리 아이들은 텔레비전을 볼 시간이 별로 없습니다. 게다가 우리 맏이는 광고혐오증——그렇게 부르고 싶어요——이 있습니다. 형이 그러니까 동생도 닮아가더라구요. 우리 아이들은 광고를 보면 코웃음칩니다. 광고인들은 그럼에도 불구하고 광고의 영향을 무시할 수 없을 거라고 하겠지만 글쎄요, 아직은 잘 모르겠습니다. 우리 집 구매 원칙은 물건을 자주 사지는 않지만, 한 번 살 때 좋은 것을 산다는 것입니다. 네 아이 모두 마찬가지입니다. 동생들은 형을 따라가게 되어 있죠. 우리는 베를린 교외에 사는데 집에 작으나마 정원이 딸려 있습니다. 맏이로부터 열두 살짜리 막내 티니까지 아이들이 관리하는 정원이지요. 손수 기른 채소들로 요리도 해먹습니다. 물론 초저녁엔 텔레비전도 조금 보지만, 주로 광고가 나오지 않는 채널을 보지요."

편집인으로 일하는 군나 제크만은 이렇게 말한다. "나는 바쁠 때는 퇴근해서까지 일을 합니다. 직업상 텔레비전을 많이 보아야 하기 때문에 내 작업실에는 텔레비전이 두 대나 있지요. 내가 집에 없을 때면 아이들이 텔레비전을 차지하기 일쑤입니다. 딸은 텔레비전이 누구의 것이든 별 상관하지 않지만, 아들 마티아스는 자신만의 텔레비전을 갖고 싶어해요. 사주지 않으면 자기 용돈으로라도 살 거래요. 그러고도 남을 겁니다. 어쩌겠어요? 막는 것도 우스운 일이죠.

이제 곧 자기 텔레비전을 사서 신물나게 보겠지요. 그러나 그것도 한때라고 생각합니다. 사춘기가 되면 어차피 다른 것에 관심을 갖게 될 테니까요."

텔레비전에 대한 열광이 가시면, 비디오에 대해 열광할지도 모른다. 시간에 쫓기며 저녁마다 '가사일'에 허덕이는 부모들은 아이들의 텔레비전 시청을 통제하지 못한다. 아이들은 한층 신경질적으로 변하고, 월요일이면 더욱더 집중력이 떨어져 학교 선생님들의 한숨거리가 된다.

"그들이 원하는 것은 너의 용돈뿐"

수많은 광고에 굴하지 않고 주체적이고 비판적으로 구매할 수 있을까? 그리 쉽지는 않을 듯하다. 텔레비전을 거실에서 몰아내는 것이 가장 좋은 방법임엔 틀림없지만, 그런 극단적인 방법을 동원할 수 없는 가정도 있을 것이다. 무엇보다 당신 자신이 텔레비전이나 잡지를 포기하고 싶지 않을지도 모른다. 또한 자기 집에서는 몰아낸다 하더라도 친구나 이웃·친척 등, 텔레비전을 볼 수 있는 피난처는 얼마든지 있다.

그러므로 텔레비전을 비롯한 대중매체들을 거실에 그대로 두면서도, 그것에 지배당하지 않는 방법 — 매체 다이어트라고 부를까 — 을 생각해 보자. 매체 다이어트를 통해 아이들을 — 부모도 — 수동적으로 멍하니 텔레비전을 쳐다보는 상태에서, 스스로 리모컨을 눌러 텔레비전을 끌 수 있는 상태로 변화시켜야 한다.

구체적인 트레이닝법은 앞으로 계속 고안해 나가야 하겠지만, 여기에 먼저 몇 가지 방법들을 제시해 본다. 구체적으로 실행할 때는 이 방법들을 조금씩 변형해도 좋다. 먼저 광고 분석 프로그램을 소개한다. 이 프로그램은 말 그대로 광고를 분석하는 것으로, 소요되는 시간은 1시간 이상이다. 아이들이 친구들을 데려올 경우 더욱 흥미진진한 분석이 이루어질 수 있다.

아이들에게 다음과 같은 질문을 던져 보라. "네가 제일 좋아하는 광고는 뭐지? 광고를 보고 물건을 산 적이 있니? 그랬을 때 그 물건이 광고에서 보던 것만큼 좋았니? 광고가 거짓말을 한다고 생각하니? 왜 거짓말을 할까? 네가 제일 싫어하는 광고는 뭐지? 우리가 광고를 계속해서 보면, 광고에 나오는 연예인은 어떤 이익을 얻을까? 다른 광고들과 달리 신선한 느낌이 드는 광고를 하나 골라 보렴!"

그리고 초저녁 시간—아이들이 텔레비전을 가장 많이 보는 시간이며, 하루 중 광고가 가장 많이 나오는 시간—을 택하여 광고 분석을 해보자.

필요한 것: 스톱워치, 메모장, 필기구.

광고를 보고 난 후의 느낌을 적어 보면 대략 이런 모양이 될 것이다.

상 품	광고시간	정 보	평 가
초콜릿	20초	우유가 들어감	멍청하고 단순한, 과장된
탈지유	20초	없음	지루한 음악, 아름다운 영상
가곡 CD	30초	가장 아름다운	무미건조한 처리,

			좋아할 노래
오렌지 주스	30초	신선한 과즙	포장 재료가 재활용이 안 됨
봉제 하마인형	20초	보드라운 재질	터무니없이 싼 가격. 질이 나쁠 듯

아이와 함께 광고를 분석해 보는 것은, 그 자체만으로도 매우 의미 있는 일이다. 아이들은 당신이 자기들의 의견을 매우 중요시한다는 것과, 그것을 위해 많은 시간을 투자하고 있음을 느낄 것이다. 스톱워치로 시간을 재는 것은 광고에 더 집중하기 위해서이다. '광고 분석'을 해보는 것과, 그렇지 않은 것에는 엄청난 차이가 있다. 아이들은 광고 분석을 조금만 해도 광고에 무조건 유혹당하지 않을 것이며, 텔레비전 광고를 전과는 다른 비판적인 눈으로 바라볼 것이다.

광고 분석을 하고 난 아이들이라면, "그들이 원하는 것은 단지 너의 용돈이야!"라는 말을 더 이상 과장된 말로 받아들이지 않는다. 7세에서 12세까지의 아이들이 마음대로 쓸 수 있는 돈은 연간 56억 마르크에 이른다. 그 돈을 제과업체와 자전거업체, 컴퓨터 및 비디오 게임 제조자, 은행, 그 외 많은 기업들이 서로 가지려고 한다!

로봇이냐 산책이냐?

"광고는 정말 멋져요. 광고를 보고 새로운 상품이 나온 걸 알 수 있죠!" 맞는 말이다. 하지만 그 말은 뭔가 부족하다. 아주 좋은 장난감이지만 제조회사가 텔레비전 광고를 할 여력이 없는 경우도 있다. 그리고 상점 진열대에서도 좋은 제품을 발견할 수 있다.

크리스마스 시즌에 방영되는 장난감 광고는 —— 가령 멋진 카 레이싱을 보여 주는 슈퍼카 같은 장난감 —— 아이들의 기호를 획일화시킨다. 당신은 크리스마스 때가 되면, 이집 아이나 저집 아이나 사달라는 선물이 거의 똑같은 것을 보아왔을 것이다. 어린이 프로나 초저녁 프로를 시청하면서 그런 광고를 피해 갈 수는 없다. 아이들의 크리스마스 선물이 텔레쇼핑리스트가 되지 않도록 하기 위해, (아직 망가지지 않았다면) 작년 크리스마스 선물을 꺼내 보는 것도 도움이 될 법하다. 아이에게 물어보라. 작년엔 왜 이 선물을 샀었지? 이 장난감을 가지고 재미있게 놀았니? 이번에도 텔레비전에서 광고하는 장난감을 사고 싶어하는데, 그것으로 뭘하며 놀 거니? 다른 선물도 한 번 생각해 보지 않으련?

아들 하나를 둔 엔지니어 구드룬 슈톡(28세)은 이렇게 말한다. "어렸을 때 나는 여러 남매와 어울려 자랐습니다. 부모님도 우리와 많은 시간을 함께 해주셨구요. 두 분 다 공무원이셨기에 오후 5시면 집에 들어오셨는데, 그때까지 우리들은 집안 청소를 하고 식사 준비를 했지요. 집안일은 당연한 일이었어요. 여름에서 가을까지는 딸기나 버섯을 따러 가기도 하고, 아빠가 낚시하는 데 따라가기도 했지요. 숲 속에서 딸기를 따는 일은 정말 환상적이었어요. 그보다 맛있는 것은 없었으니까요. 물론 버섯 요리도 근사했지요!

시골에 사는 아이들은 좀 나은 편이지만, 도시아이들은 매일매일 상당 시간을 텔레비전 앞에서 멍하니 있기 일쑤이지요. 푹신한 소파에 달라붙어 텔레비전 속의 배우들과

함께 인조 현실을 살아갑니다. 그리고 광고하지 않는 물건
은 쳐다보지도 않지요.

　부모가 산책 나가자고 해도 들은 체 만 체예요. 맹숭맹숭
한 산책은 뭐하러 가느냐는 거예요. 텔레비전 프로를 놓치
고 싶어하지 않지요. 하지만 주변 환경의 영향도 무시할 수
가 없는 것 같아요. 우린 다행히 도시 근교에 사는데, 숲이
라고 할 만한 것은 없어도 아름다운 잔디밭이 있어요. 요즘
아이들은 벌레를 잡으러 다니기는커녕, 딱정벌레나 나비의
애벌레 따위도 못 보고 큽니다. 태어나서 여태껏 새들이 지
저귀는 소리를 한번도 못 들어 봤다는 아이들도 있어요. 정
말 끔찍한 일이죠.”

　여성지 육아 파트 편집인인 엘렌 하이머는, 선전하는 상
품에 대한 아이들의 기대와 실망을 이야기한다. “나는 아직
아이가 없어서 조카 —— 언니의 아이들 —— 들과 많은 시간
을 함께 하지요. 개네들은 내 친자식이나 다름없어요. 큰조
카 그벤은 만화영화에 나오는 로봇에 완전히 미쳐 있었어
요. 플라스틱으로 만든 장난감에 불과한데두요. 광고에서 로
봇들은 비현실 세계를 누비고 다니지요. 경쾌한 음악과 함
께 아이들의 눈앞에 모험의 세계가 펼쳐져요. 하지만 장난
감을 산다고 모험까지 배달될 수는 없죠. 장난감은 구입한
지 1주일도 안 되어 구석자리에 놓여 있었고, 조카는 적잖
이 실망하는 눈치였어요. 언니도 그것을 알고 있었지만 아
무 말도 하지 않았지요.

　아이들의 장난감을 무조건 깎아내리는 것도 위험천만한
일이니까요. 아이들은 그것을 인신공격으로 받아들여요. 그
때 다행히 내게 좋은 생각이 떠올랐어요. 나는 그벤에게 긴

장감 넘치는 사이언스 픽션 동화책을 사다 주었고, 그 생각은 적중했어요. 조카는 그 책을 읽고 또 읽었지요. 친구들이 오면 다시금 로봇을 꺼내기도 했지만, 더 이상 새 모델들을 사내라고 조르지는 않았지요.

그벤의 여동생 카트린은 일곱 살인데, 얼마 전부터 바비 인형만 갖고 싶어해요. 물론 광고 때문이기도 하지만 한편으론 카트린의 상황과도 관련 있어요. 카트린은 외로움을 타는 것 같아요. 엄마는 병원에서 늦게 오고, 이모인 나도 초저녁이 되어야 놀아 줄 수 있으니까요. 오빠도 동생에게 신경 쓸 정신이 없구요. 카트린은 버려진 듯한 느낌을 받고 있는 것 같아요. 언니는 이제 곧 병원을 그만둔다고 합니다. 그러면 우리 모두는 그리스로 휴가를 떠날 거예요. 거기서 아이들은 엄마의 사랑을 충만히 누릴 수 있을 거고, 카트린은 다시금 명랑한 아이로 돌아오리라 생각합니다. 바비인형을 선물로 받아서가 아니라, 든든한 가족 사랑을 맛볼 수 있을 것이기 때문이에요.

아이들이 좋아하는 광고에 대해 비판적으로 말하는 건 조심해야 할 문제입니다. 아이들은 장난감이건 가수이건간에 텔레비전에 등장하는 인물들과 자신을 동일시하기 때문이지요.

억지로 그것들을 멀리하도록 하면, 아이들은 마음문을 닫게 되고 기업들만 도와 주는 꼴이 되죠. 스웨덴에서는 아이들을 위한 광고가 금지되어 있는 것으로 알고 있습니다. 아이들은 아직 법적으로 행위 능력이 없으므로 상품의 질을 판단할 수 없다는 거죠. 행위 능력이 없다는 것은 물건 구매 능력(지불 능력)이 없다는 의미이구요. 하지만 우리는 어린이를 위한 광고가 쏟아져 나오는 상황이므로 아이들에게 광고가 무엇이며, 그것이 어떻게 이루어지는지를 알려 주어야 할 것입니다. 아이들은 무척 다양한 매체로부터 광고를 광고로 인식하지도 못한 채 무방비 상태로 영향을 받기 때문입니다. 카트린 같은 아이들은 잡지를 볼 때 광고와 일반 기사를 구별할 수 없습니다."

광고와 판매의 실제

비가 와서 밖으로 나갈 수 없는 오후를 택해, 과월호 잡지들을 모아 광고 분석을 해보자. 아이들과 테이블에 둘러앉아 잡지의 철을 풀어 보자. 광고 분석은 다음과 같이 진행된다.

모든 광고들을 오린다. 무엇에 관한 광고들인가? 모 음반회사에서 출시된 모 그룹의 최신 앨범 선전과, 그 그룹의 사생활을 취재한 르포르타주를 같은 호에 싣지는 않았는가? 이것이 광고의 수법이다. 이 잡지를 읽는 모든 아이들은 구매 충동을 갖게 되고, 그것을 이용하여 잡지사와 기업들이 돈을 번다. 그것이 무조건 나쁘다는 것은 아니다. 기업들은 물론 아이들이 원하는 것을 생산한다. 그리고 그런 메커니즘이 많은 사람들에게 일자리를 제공한다. 하지만 아이들이 그들의 '돈'을 빼내는 수법에 대해 무지해서는 안 된다.

벼룩시장을 통해 유치원생들에게 광고와 판매의 실제를

가르쳤던 유치원 교사 구드룬 바르디히의 말이다.

"여름방학을 앞두고, 우리는 7세반 아이들을 위해 벼룩시장을 개최했어요. 행사의 취지는 이제 초등학생이 될 아이들에게 물건을 사고파는 과정이 어떻게 이루어지는가를 가르치기 위한 것이었지요. 우리는 오랫동안 열심히 준비했고, 학부모들도 적극적으로 참여했어요. 우리는 아이들과 함께 다섯 개의 가판대를 만들었지요. 봉제 동물인형을 파는 곳, 군것질거리를 파는 곳, 레고와 퍼즐·게임 등을 파는 곳, 손수 만든 미술작품——그림과 도자기 등——을 파는 곳, 카세트와 음반·책을 파는 곳으로 분류했죠. 상품마다 조그만 가격표를 붙이고, 커다란 간판을 내걸고, 작은 칠판에 상품의 가격을 써서 세워 놓았어요. 2,3주 전에 그려 놓았던 커다란 광고 포스터도 붙이구요.

아이들은 구두 상자를 사용하여 계산대도 만들었지요. 다섯 팀으로 나누어진 아이들은 다른 팀보다 더 잘하려고 열을 올렸어요. 드디어 장날이 돌아왔고 벼룩시장은 대성공을 거두었죠. 어머니 한 분이 아이스크림 코너를 만들어 손수 만든 아이스크림을 팔았는데, 그것이 그날의 히트 상품이었어요.

벼룩시장 문제는 그날로 끝나지 않았어요. 아이들은 회의를 열어 벌어들인 돈을 어떻게 처리할 것인가에 대해 토의했지요. 그리고 수입의 10퍼센트는 유치원에 장소 임대료로 내고, 10퍼센트는 인건비 명목으로 서로 나누어 갖고, 나머지 80퍼센트는 후배 원아들에게 장난감과 문구류 등을 사주도록 기증했답니다.

유치원이 아니라도 이웃끼리, 거리에서, 또는 가족 모임에서 이런 벼룩시장을 열 수 있어요. 아이들이 굉장히 좋아하고, 판매와 광고의 상관관계도 피부로 느끼며, 노동의 기쁨 또한 맛볼 수 있습니다. 이제 우리 유치원에서는 매년 벼룩시장을 개최하기로 했답니다."

아이들에게 광고와 판매의 상관관계를 알려 줄 또 다른 방법으로, 카탈로그를 이용한 벼룩시장을 생각할 수 있다. 그것은 다음과 같이 진행하면 된다.

아이들이 쓰지 않는 물건 중 다른 친구들이 사용할 수 있을 만한 장난감, 옷, 스포츠 용품들을 한데 모은다. 다음으로 과월호 잡지들을 들추어 모아 놓은 물건을 선전할 만한 광고가 있는지 살펴보고, 있으면 오려둔다.

그 다음 모은 물건들을 컴퓨터 게임 · CD · 책 · 만화책 등의 멀티미디어류, 의류, 스포츠 및 여가 용품류 등 종목별로 분류한다. 첫번째 카탈로그는 노트로 만들면 충분하다. 노트를 이용하여 진짜 상품 카탈로그처럼 상품을 묘사하고, 광고 문구를 써넣고, 가격을 매기고, 주문 번호를 쓴다.

철지난 잡지들을 뒤적이다 보면 알맞은 광고나 그림들을 발견할 수 있을 것이다. 그래도 여의치 않으면 직접 그림을 그리거나 사진을 찍어 붙이면 된다.

잡지 광고를 오리는 일, 그림 그리는 일, 사진을 찍어 붙이는 일, 광고 문구를 생각해 내는 일을 아이들 각자의 소질을 고려하여 분담시킨다. 그렇게 하여 카탈로그가 완성되면 주문과 판매가 시작된다. 누가 카탈로그를 관리 —— 대여하고 반납받고 —— 할 것인지, 누가 전화로 상품 주문을 받을 것인지, 누가 상품을 배달하고 수금을 할 것인지를 정한다.

아이들이 원한다면 다음번 카탈로그에는 성인 코너도 만

들어 볼 수 있다. 어른들에게는——노트 한 면을 4등분해서 한 광고당 2마르크를 받는다든지 하여——상품을 실어 주는 대가로 광고비를 받을 수도 있다. 부모가 쓰지 않는 낡은 소파나 작은 램프·목욕 가운 등, 상품이 될 만한 것들을 카탈로그에 집어넣으면 좋을 것이다.

이런 방식으로 광고 및 판매 전략을 짜면서 아이들은 많은 것들을 배울 것이다. 카탈로그는 한 번 활용하는 것으로 끝나지 않고, 1년 내내 주문과 판매를 할 수 있는 장점이 있으므로 벼룩시장을 개최할 장소나 여력이 부족한 아이들을 위해 더없이 훌륭한 경험이 될 것이다. 11,2세의 여러 '베레나'는, 구매자들을 속이거나 유혹하지 않고도 자신의 물건을 벼룩시장에 내놓거나 카탈로그에 올릴 수 있을 것이다. 그러면서 실제 광고들을 비판적으로 바라볼 수 있게 될 것이다.

6

여가시간, 집안일, 아르바이트: 시켜야 하나 말아야 하나?

쾅 하는 거친 문소리에 벽이 울리고 전등 갓이 흔들린다. 창문턱에서 장식장으로 뛰어내린 고양이 밍키가 놀란 눈으로 주인들을 쳐다본다. 여느 때 같으면 자기 접시에 먹이를 담아 주며 등을 쓰다듬어 주었을 주인 아줌마와 아들이 소리를 지르고 있다.

엄마: "방 청소 조금 한다고 20마르크를 달라는 게 말이 나 되니?"

아들: "10마르크는 되고 20마르크는 안 된다는 건 왜죠?"

엄마: "네가 당연히 해야 할 일이기 때문이야. 지난번 10마르크를 준 게 뭐 네가 잘해서 준 것인 줄 알아. 그거 받고 더 잘하라고 준 거지."

아들: "난 지금 이대로가 좋아요. 청소 같은 건 하고 싶지 않아요. 엄마를 위해서건 누구를 위해서건, 10마르크를 주건 20마르크를 주건 이제 안할 거라구요!!"

쾅! 탁! 문이 닫힌다. 아들은 밖으로 나가 버리고, 엄마는 지쳐 소파에 털썩 주저앉는다. 분노가 끓어오른다. 제 방 청소 조금 시키는 게 이리도 어려운가! 항상 똑같은 상황의 반복이다. '체, 돼지 우리에 처박혀 버리라지!' 하지만 며칠 못 가 이런 상황은 되풀이될 것이다.

집안일: 의무인가, 교육인가?

모양새는 조금씩 다르겠지만, 집안일 돕는 문제로 가족간에 다툼이 벌어지는 경우가 많다. 남매간 다툼의 가장 흔한 원인도 집안일을 돕는 문제, 정확히 말하면 집안일을 돕지 않는 문제이다. 싸우기만 하지 돕지는 않는다. 생활 수준이 높아감에 따라 더욱 그러하다. 아이들은 가사일에 대한 의무감이 없으며, 자기 방이 더러워도 상관없다고 말한다. 또한 교육적 동기만으로 일관성 있게 가사일 훈련을 시키는 부모는 거의 없다. 대부분의 가정에서 교육적 모티브는 부차적인 문제로 밀려난다.

아이들에게 집안일을 시켜 보려고 온갖 동기부여를 하다가 실패한 엄마는, 마지막 수단으로 돈이라는 미끼를 던진다. "시간당 얼마를 줄게." "우아, 그럼 할게요!" 아이는 재빨리 금액을 산출한다. 매일 2시간씩 시간당 12마르크면 하루에 24마르크, 5일이면 1백20마르크. 굉장한 돈이다. 용돈보다 10배는 많다.

하루이틀은 마음먹고 한다. 하지만 작심삼일이다. 청소하고 있는데 친구들이 수영장 간다며 몰려 간다든지, 바람이 불어 연날리기에 좋은 날씨가 되면 모처럼의 결심은 물거품으로 변한다. 친구들과 노는 것이 돈 버는 것보다 훨씬 재미있다. 엄마도 그것을 인정한다. 그렇잖아도 엄마는 그 약속에 대해 벌써 후회하고 있었다. 시간당 12마르크면 너무 과한 금액이라는 생각이 들었던 것이다. 물론 아이가 일을 해야 돈도 주겠지만 말이다.

또한 집안일을 하기로 한 아이가 성적이라도 떨어질 경우 썩 좋은 핑계가 생긴다. "청소하느라 공부할 시간이 없었어요!"

그렇다. 아이들이 가장 힘들어하는 점은 너무 바쁘다는 것이다. 하루 일과는 꽉 짜여져 있다. 스포츠, 악기 레슨, 교내 합창단 활동, 서클, 워크숍, 학교 숙제, 공부 등.

13세인 프라이아 만은 이렇게 말한다. "엄마는 내게 청소 좀 시켜 보려고 별의별 방법을 다 써보시지만 소용 없어요. 내 핑계는 바쁘다는 거예요. 월요일엔 오후 3시 무렵에나 수업이 끝나요. 그러면 집에 와서 뭐 좀 먹고 옷 갈아입고 피아노 연습 좀 하다가, 5시 40분에 피아노 레슨을 가지요. 그리고 정확히 7시에 집으로 돌아와서 숙제하고, 공부하고, 밥 먹고, 텔레비전 보고……. 그러면 하루가 끝나요.

화요일에서 금요일까지는 오후 2시쯤 수업을 마쳐요. 그러면 화요일에는 2시간 동안 테니스를 하고, 수요일에는 우리에서 말을 돌보지요. 또 수요일과 목요일에는 교내 합창단 연습이 있어요. 조금 있으면 발표회가 있거든요. 그리고 금요일에는 수영을 하러 가야 해요. 요즘엔 왜 이렇게 수영이 하기 싫은지 몇 번이나 꾀병을 부리고 빠졌어요. 그리고는 친구와 시내를 돌아다녔지요. 들리는 말에 수영 코치가 날 제명하겠다고 했다던데요. 아무튼 그러다가 주말이 오면 나는 잠잘 생각밖에 없어요. 토요일엔 성오까지 잠을 자고, 일요일에는 친구와 함께 말 타고 숙제하고 공부하고 텔레비전 보고……. 텔레비전은 우리에게 아무것도 강요하지 않아요. 하지만 텔레비전을 보고 있으면 엄마의 잔소리가 시작돼요. 나는 문을 닫아 버려요. 그러면 엄마는 화가 나서 고래고래 소리를 지르시고, 나는 방안에서 귀를 틀어막고 아예 신경을 꺼버리지요. 그리고 나서 조금 있으면 엄마가 아무 일 없었다는 듯 내게로 와서는 날 이해한다고 말씀하시지요. 그럴 거면서 그 난리는 왜? 아빠는 벌써 여러 차례나 마치 기계 작동시간 프로그램을 짜는 공장책임자처럼 우리의 일일생활계획표를 짜주셨지요. 한 마디로 쓸데없는 노력이에요. 그렇지 않아도 나의 하루는 이미 다른 것이 끼어들 틈이 없이 질서정연하게 짜여 있으니까요."

이것은 비단 프라이아 개인의 문제만이 아니다. 많은 10대들의 하루는 빡빡한 일정으로 들어차 있다. 집안일을 도울 '시간'도 '마음'도 없다.

가사일 돕기는 어려서부터

"언니네 가정을 보면서 나는 이건 아니다 싶은 생각이 들었습니다"라고, 도리스 바이너르트는 말한다. "언니는 입버릇처럼 아이들이 어린 동안은 자기가 모든 뒤치다꺼리를 도맡아할 거라고 말했었지요. 먼지 훔치고, 유리창 닦고, 걸레질하고…… 그 모든 일을 혼자서 하고, 아이들은 그저 정원에서 마음껏 뛰놀게 해야 한다나요. 조카들은 이제 열두 살, 열네 살이 되었습니다. 그런데 아직도 손가락 하나 까딱하지 않아요. 그렇게 큰 집도 아니어서 현관이나 계단 청소쯤은 그리 어려운 일도 아닐 거고, 더 이상은 시키지도 않을 텐데 말이에요. 피아노다 테니스다 농구다 재즈댄스다 보충수업이다 너무너무 분주할 뿐이지요.

　그런 조카들을 보면서, 나는 아이들에게 어렸을 때부터 적극적으로 가사일 돕는 버릇을 들이는 것이 중요하다는 걸 깨달았어요. 나는 요즈음 아이들이 있을 때면 방을 혼자서 휙 닦아 버리지 않아요. 아이들이 함께 할 수 있게 하지요. 아이들과 함께 주방을 닦다가 물바다가 되고, 마른 행주질을 하다가 그릇을 깰 수도 있어요. 하지만 아이들은 매우 재미있어하고, 나도 가사노동에 교육적 의미를 부여할 수 있어 좋습니다. 내게 걸레질은 더 이상 빨리 끝내야 할 의무가 아니라, 아이들에게 살아가는 법을 가르쳐 주는 교육수단이지요. 나는 남자아이나 여자아이나 똑같이 집안일을 해야 한다고 생각합니다. 나의 딸 카트린도 자기가 여자라서 집안일을 시키는 게 아니라는 걸 알고 있어요. 또한 어릴 적 카트린이 조그만 일을 하기 시작했을 때부터 그것을 했다고 돈을 주지는 않았습니다. 식탁차리기, 꽃에 물주기, 자기방 침대 정리하기, 계단 청소 등이 카트린의 몫이죠. 남편은 저녁이면 피곤해합니다. 저도 마찬가지이구요. 저녁은 우리 모두의 휴식시간입니다. 대신 주말엔 남편이 아이들과 함께 아침과 점심을 준비하지요. 아이들에게 아빠도 주방에서 일을 한다는 걸 보여 주어야 합니다. 집안일 조금 했다고 돈을 주는 것은 말도 안 되구요. 집안일 돕는 것이 뭐 특별한 일인가요. 집안일을 시키고 돈을 주는 것은 아이를 파출부처럼 대하는 것이나 다름없습니다. 이이들도 가족의 일원이라는 것을 인지시키고, 처음부터 집안일에 자연스럽게 익숙해지도록 해야 합니다."

나는 이렇게 했다!

그러나 아이들 수준을 고려하면서 집안일에 대한 흥미를 유발해 주는 것은, 엄마가 전업주부일 경우에나 가능할 것이다. 맞벌이 엄마는 힘들다. 직장에서는 상사의 눈치를 보아야 하고, 집에서는 아이의 유치원이나 학교·여가 활동에 신경을 써야 한다. 이혼이나 사별로 혼자서 아이를 기르는 엄마 아빠도 마찬가지이다. 이들은 아이들이 양육기관의 보살핌을 받으며 잘 커주는 것만으로도 안도의 한숨을 내쉰다. 하지만 이런 아이들에게 집안일을 즐겁게 가르칠 방법은 없을까?

마케팅 에이전시의 홍보담당이자 세 아이의 엄마인 크리스틴 괴덱케의 경우는, 그런 문제점을 바람직하게 해결한 예이다. 이혼하고 홀로 아이들을 키우고 있는 그녀는, 자기와 같은 상황에 처한 친구와 의기투합하여 집 한 채를 빌렸다. "일을 조정하여 우리 중 한 사람은 늘 집에 있으면 좋겠지만 그건 여의치 않았어요. 1주일에 두 번 외할머니가 오시고, 아르바이트 여대생을 쓰더라도 하루 정도는 방과후에 아이들끼리 있어야 했죠. 하지만 우리 아이들은 잘해 나가고 있어요. 큰아이들에게 요리를 가르쳐 간단한 음식은 스스로 해먹을 수 있게 했지요. 골목 모퉁이만 돌면 상점들도 많아서 자기들이 장을 봐오기도 하구요. 하지만 집안일을 했다고 돈을 주진 않아요. 큰아이들은 작은아이들의 공부를 도와 주고, 개를 데리고 산책을 나가기도 하지만 그런 것들은 당연한 일이에요. 아이들은 우리에게 많은 도움이 되지요. 우리는 애들에게 엄마들을 도와 주어서 고맙다고 하지요. 그리고 잘했을 땐 칭찬을 많이 해주고, 잘못했을 땐 포기하지 않도록 용기를 북돋워 줘요. 돈은 세차를 한다든지, 주말에 손님이 왔을 때 서빙을 돕는다든지 하는 특별한 일을 할 때만 줘요. 열다섯 살 팅카는 아이들의 머리를 깎아 주고 한 사람당 10마르크를 받는데, 종종 내 머리도 맡긴답니다."

아르바이트는 언제부터?

집안일을 시키고 돈을 주는 것은 바람직하지 않다. 집안일을 한다고 돈을 주면 집안일을 당연한 일로 생각지 않는다. 돈을 받고 하는 일은, 돈을 안 받고 안할 수도 있는 일이기 때문이다. 또한 돈을 받았으니 반드시 해야 한다는 압박감은, 가뜩이나 시간 없는 아이들에게 스트레스가 될 수도 있다. 대부분 아이들의 오후가 숙제·운동·음악 레슨 등으로 꽉 채워져 있기 때문이다.

그러나 특별한 일을 했을 때는 돈을 주어도 좋을 것이다. 엄마의 자전거를 고쳤다든가, 잡초를 뽑았다든가, 잔디를 깎았다든가, 방을 도배했다는가, 세산서를 칠해 놓았디든가, 울타리를 만들었다든가 할 때 말이다. 아이들에게 다른 집 일을 도와 주라고 하면 더 잘한다. 당신의 딸이 이웃집 울타리 치는 것을 도와 준 대가로 이웃 아줌마로부터 30마르크를 받는다면, 아이는 좋은 일을 하고서 돈을 벌었다는 성취감을 맛보게 될 것이다. 시키려고 마음만 먹으면 시킬 일은 얼마든지 있다. 지하실이나 옥상, 또는 차고 청소, 낡은 주방 장식장 닦기, 관상용 나무의 분갈이, 간단한 선반 제작, 복도에 새 그림을 거는 일 등, 당신이 하려고 했지만 바빠서 하지 못했던 일을 시키면 될 것이다.

단 "옥상 좀 청소해!"라든가, "잡초 좀 뽑아!"라고 가부장적으로 명령하는 것은 좋지 않다. 그런 명령은 부담스럽고 막연하다. 그러므로 구체적으로 말하는 것이 좋다. "지난번에 심은 무가 전혀 자라지 않는 것 같아. 잡초가 기운을 막아서 그런 것 같은데. 무밭에 잡초 좀 뽑아 주겠니? 그러면 그 대가로 4마르크를 주마!" 이런 식으로 하라. 옥상, 지하실, 차고도 마찬가지이다. ("차고에 유리컵과 유리병, 그리고 깡통들이 있거든. 그것들을 분류하여 박스에 넣어 주겠니?")

아이가 언제 (어떤) "일을 할 수 있는지"는 그때그때의 상황을 보아가며 결정한다. 제한은 없다. 9세짜리가 차고 문에 신나게 페인트칠을 하는가 하면, 12세짜리는 '그런 냄새 나는' 일 대신 팬케이크 굽는 일을 좋아할지도 모른다. 아동노동보호법에는 아이들에게 허용된 노동의 양이 공식적으로 명시되어 있다. EU 지침에 따르면, 아이들은 13세부터 주당 5일간 하루 2시간씩 신문배달이나 추수돕기 등의 가벼운 노동을 할 수 있다. 베이비시터, 전단지 돌리기, 아이들 가르치는 일도 할 수 있다. 그러나 법적으로 공식적인 고용 허가가 나는 것은 15세 이후이다. 또한 아동에게 금지된 노동을 시킬 경우 3만 마르크(지금까지는 2만 마르크)의 벌금이 부과된다.

시민법 제1619조는 "아동이 부모의 부양을 받는 한 능력과 형편에 맞게 부모를 도울 의무가 있다"고 명시하고 있다.

그러나 내가 인터뷰했던 12세 미만의 아이들 중 부모의 생업을 돕고 돈을 받거나, 규칙적으로 아르바이트를 하는 아이들은 없었다. (이런 현상은 15세부터 현격히 달라진다.) 아이들이 가장 많이 하는 아르바이트로는 할머니네 집 잔디를 깎거나, 이웃집 아기를 봐주거나, 연금으로 살아가는 병든 노인을 위해 장을 보는 일 등이 있었다. 그리고 스스로 번 돈은 저축하거나, 스케이트 보드·롤러 블레이드·록 콘서트 티켓·알루미늄 도금 자전거 등을 구입하거나 여행비로 쓴다고 답했다.

올해 13세인 헤트비히는 이렇게 말한다. "저는 가끔 베이비시터를 해요. 저녁시간에 아기를 보면 10마르크를 받지요. 아줌마는 항상 더 주시려고 하지만 난 됐다고 해요. 그 일을 하는 것은 꼭 돈을 벌기 위해서라기보다는 아기가 귀엽고 사랑스럽기 때문이죠."

시골에 거주하는 남학생 프란츠(19세)의 말이다. "돈을 버는 것은 스트레스받는 일이기도 해요. 나는 여가시간만큼은 나 자신을 위해 쓰고 싶어요. 조용히 여러 가지를 생각하기도 하고, 그냥 꾸벅꾸벅 졸기도 하면서요. 아르바이트해서 번 돈을 유흥비로 날릴 거라면 뭐하러 그렇듯 아등바등하는지 모르겠어요. 예전에 친구들과 돈을 합쳐 공동으로 비싼 컴퓨터를 마련했었어요. 하지만 그 친구들은 지금 보니 터 앞에서 자취를 감춰 버렸지요. 아르바이트를 핑계로 말이에요. 전에는 함께 놀면서 재미있게 지냈었는데 다 옛날 일이 되어 버렸어요. 난 친구들이 너무 돈을 밝힌다는 생각이 들어요. 돈도 너무 많이 쓰고요."

15세 이상이 되면 아르바이트를 하는 경우가 많아져, 15~20세 청소년들이 쓰는 돈의 57퍼센트는 불규칙한 아르바이트를 통해 스스로 번 돈인 것으로 나타났다. 15세만 되면 월수입의 절반은 용돈, 절반은 아르바이트로 이루어진다. 여가시간이 너무 많아서 아르바이트를 하는 것인가? 여가시간을 보내는 데 돈이 너무 많이 드는 것인가? 그도 아니면 돈 쓰지 않는 여가시간은 아예 생각할 수 없는 것인가?!

바쁘다 바빠

16세 소년의 말이다. "여가시간은 자기가 하고 싶은 것을 하는 시간이죠! 그러나 우습게도 나이를 먹어갈수록 여가시간이 점점 줄어드는 것 같아요." 여타 청소년들의 감정을 대변하는 말이다. 하고 싶은 것들을 하기에는 여가시간이 턱없이 부족하다. 여가시간이 충분하다고 생각하는 청소년은 거의 없으며, 여가시간을 진짜 자기가 원하는 대로 보낸다는 청소년도 없다. 잡지 《청소년과 사회》에서 토마스 보데는 이렇게 지적한다. "오늘날 여가시간의 특징은 분주함, 스트레스, 시간 부족이다. 소비는 거기서 결정적인 역할을 한다. 텔레비전 시청부터 쇼핑까지 소비와 관련된 일들이 여가시간을 가득 채우며 일을 만든다."

"돈이 없으면 아무 일도 못합니다! 가는 곳마다 돈이 들지요! 돈이 없으면 카페도, 극장도, 축구장도 못 가고 한턱 낼 수도 없습니다!" 청소년들이 여가시간을 돈 들이지 않고도 창조적으로 보낼 능력이 없는 것인가, 아니면 자본주의 소비 사회가 아이들을 손아귀에 넣고 조종하기 때문인가? 마치 모두가 쇼핑중독증에라도 걸린 것 같다. (옛 서독 지역엔 최소한 3백만의 성인이 쇼핑중독증에 시달리고 있다.)

여가시간 연구가인 오파쇼프스키는 "대부분의 청소년들은 자기가 여가시간에 너무 많은 돈을 쓰고 있다고 느낀다"고 말한다. 청소년들만 그런 게 아니다. 성인들도 마찬가지이다. 우리 모두는 시간과 돈을 자기 마음대로 사용하지 못하는 것에 괴로워한다! 시간 활용과 구매에 있어 주체성을 잃어버렸다. 소비 사회의 조작에 대항하지 못하며, 주어진 가치체계 안에 묶여 있다. 거기서 헤어 나오기 위해서는 자신의 상황에 대한 정확한 분석이 선행되어야 한다. 비판적인 자기 관찰만으로 충분하다 할 수는 없지만, 자신의 행동을 비판적인 눈으로 분석해 보는 것은 자기 인식과 발전에 도움이 될 것이다. 여가시간 전문가는 "주어진 상황에 동의하지 말고 그 상황을 비판적으로 바라볼 때 변화의 가능성이 생긴다"며, "어떤 원칙으로 돈을 쓸 것인지를 다시 한 번 생각해야 한다"고 말한다.

어렵게 생각되는가? 도리스 바이너르트는 자녀가 태어나면서 구매 원칙을 바꾼 경우이다. 그녀는 백화점을 들락거리게 만드는 기업들의 유혹에 넘어가지 않고, 자녀에게 눈높이를 맞추면서 스스로 기준을 정했다. 이제 그녀는 고급 도자기나 정교한 크리스탈 대신, 망가져도 괜찮은 사기나 놋쇠·플라스틱 그릇을 사용한다. 꼬마 토마스는 부엌을 깨끗이 정돈된 엄마의 '중앙 통제실'이 아니라, '남자도 함께 어울리는' 자연스런 놀이 공간으로 생각한다. 토마스가 10대가 되어도, 엄마와 고양이는 온 집안을 진동시키는 문소리를 듣지 않아도 될 것임에 틀림없다.

7

세련되고 멋지게

"난 메이커에 약해!"

패트릭은 진짜를 좋아한다. 어두운 빛깔, 고상한 디자인, 부드러운 질감, 브랜드 표시…… 유사품이라구? 아니다. 그는 유사품을 확실히 구별할 줄 안다. 이음새가 정교하고, 맵시가 나야 한다. 7호에 사는 여자아이도 패트릭이 캘빈 클라인을 입은 걸 알아볼 것이다. 패트릭은 그 아이와 함께 다니고 싶다. 같이 숙제도 하고, 영화도 보고, 음악도 듣고, 여기저기 놀러도 다니면 얼마나 좋을까! 그 아이가 원한다면 수영장에도 같이 갈 텐데…… 13세 소년은 아직 꿈꾸고 있다.

유년기를 벗어났음을 의미하는 중요한 기준은, '누군가와 함께 다니기 시작하는 것'과 '자기 옷을 자기가 고르기 시작하는 것'이다.

그런데 아이들이 입고 다니는 옷을 살펴보면 서로 짜고 사는 것처럼 천편일률적이다. 내가 만난 아이들도 모두 비슷한 차림을 하고 있었다. 모자 달린 스웨트 셔츠에 청바지. 그 위에 날씨가 좀 쌀쌀하면 패딩조끼나 점퍼(등에 폴로 등의 브랜드 표시가 있기도 하고 없기도 한)를 겹쳐입는다. 여자아이들은 8세까지는 엄마가 사오는 꽃무늬 옷을 입지만,

좀더 크면 공주 패션을 거부하고 청바지에 티셔츠나 모자 달린 스웨트 셔츠를 입는다. 파스텔 톤이 주류를 이룬다. 물론 사춘기가 되면서는 특별한 때엔 특별한 것을 입는다. 미쏘니 니트, 꽈배기 무늬의 카프리 바지, 짧은 원피스와 쫄바지, 꽉 달라붙는 바지에 검정이나 하얀 티셔츠, 그물망 조끼. 조금 더 크면 폭 좁은 미니스커트를 입는다. 입고 싶어하는 옷은 거의 비슷하다. 물론 주로 도시아이들이 비싸고 세련된 옷을 입는다. 시골에서는 카탈로그를 통해 유행의 경향을 파악한다.

"옷 사는 게 그렇게 중요한 일은 아니지만, 그래도 제 마음에 드는 것을 사고 싶어요!" 청소년들의 특징을 잘 나타내 주는 말이다. 많은 부모들은 자녀들이 옷에 굉장히 신경을 쓴다고 말한다. 하지만 통계적으로 보면, 그런 사실은 입증되지 않는다. 전국 청소년들을 대상으로 조사한 결과 그들이 중요하게 생각하는 것은 새 옷도, 자기 컴퓨터도, 돈도 아니었다. 학자들이 청소년들에게 또래 친구들 중에서 어떤 아이들이 가장 매력 있다고 생각하느냐고 질문한 결과, 정직하고 믿음이 가는 아이들과 자신 있고 친절한 아이들이 인기 있는 것으로 나타났다. 전국 청소년들이 중요하게 생각하는 가치의 서열을 제시해 본다.

1) 믿음직하다.
2) 자신감 있다.
3) 친절하다.
4) 이성에게 호감을 준다.
5) 리더십이 있다.
6) 예의가 바르다.

 7) 예쁘다(잘생겼다).

 8) 운동을 잘한다.

 9) 옷을 잘 입는다.

10) 공부를 잘한다.

11) 신체가 건장하다.

12) 어른 앞에서 자기 주장을 확실히 한다.

13) 자기 컴퓨터가 있다.

14) 주먹이 세다.

15) 돈이 많다.

16) 좋은 오디오를 가지고 있다.

17) 금지된 행동을 한다.

이런 결과는 전국 공통이었다. 믿음직스럽고 친절하면서도 자신감 있어 보이는 아이들이 친구로서 가장 인기가 높았다!

단지 6위와 10위에서만 지역적으로 약간의 차이를 보였는데, 옛 서독 지역 아이들보다는 동독 지역 아이들이 공부 잘하는 것과 예의바른 것을 더 중요시하였다. 자기 컴퓨터를 가지고 있는 것 역시 동독 지역에서 더 인기가 있었다.

디자이너 브랜드나 캘빈 클라인 속옷, 또는 좋은 오디오가 친구를 만들어 주지는 않는다. "나는 딕키즈(청바지)를 입어요, 그냥…… 좋으니까요!" "난 리바이스를 입어요, 잘 맞으니까요!" "나는 야구복만 입어요, 편하니까요."

아이들은 옷에 관한 질문을 귀찮아했다. 별로 할 말이 없다는 태도다. 여자아이들은 옷을 사러 갈 때 혼자, 또는 친구와 함께 가서 판매대를 재빨리 훑으며 마음에 드는 걸 여

러 벌 입어 본 다음 '기막히게 어울리지 않으면' 사지 않는
다. 남자아이들은 보통 혼자 가서 가게 점원에게 조언을 구
한다. 그리고——그 옷을 입음으로써 누구에게 잘 보일까
라는 생각보다는—— 자기만 마음에 들면 산다.

"그 옷은 구닥다리야. 그걸 입고 가면 다른 애들이 비웃
는단 말이에요." "다른 애들은 다 그런 신발에 그런 옷을
입고 다니는데 나만 이게 뭐야." 아이들이 이렇게 말할 때
부모들은 당황한다. 이런 말들은 사실이 아니겠지만, 중요한
것은 어쨌든 아이가 옷을 사려고 마음먹었다는 것이다. 성
적이 나쁘거나, 외롭거나, 다른 실망스런 일 때문일 수도 있
다. 그러나 대부분의 부모들은 그 원인을 알 재간이 없다.

하지만 분명한 사실은, 매달 일정액의 의류구입비를 받는
아이들은 쉽게 아무 옷이나 사지 않는다는 것이다. 그들은
옷을 살 때면 옷감의 질과 바느질을 꼼꼼이 살핀다. (안달복
달하는 판매원을 완전히 무시하면서) 여유 있고 신중하게 구
매를 결정한다. 이런 구매는 재미도 있다. 아이에게 의류구
입비를 책정해 주어 보라. 부모들은 도리어 자녀들에게 배
울 것이다. 아이들은 원하는 것과 원치 않는 것을 잘 안다.
전제는 단 한 가지, 책임지고 자신의 돈을 관리할 기회를
주는 것이다.

10대들은 계절당 의류비로 평균 2백 마르크를 지출하는
것으로 나타났다. 많은 돈이다. 의류구입비는 가정의 수입,
가치관, 실제적인 필요에 따라 결정된다. 여름보다 겨울이
더 많이 들고, 나이에 따라서도 조금씩 달라진다. 아이가 커
갈수록 성장 속도가 둔화되긴 하지만, 유행을 따지는 경향
이 생긴다.

　초등학교 3~4학년만 되어도 자기 티셔츠는 자기가 고르려고 한다. 구입하고 나서 실망했을 경우 그 이유 또한 재빨리 알아차린다. 용돈은 주당 지급하더라도 의류구입비는 한 달을 기준으로 주는 것이 바람직하다. 그리고 일반적인 용돈과 의류구입비는 어렵더라도 따로 분리하는 것이 바람직하다. 의류구입비 명목의 저금통을 만들면 좋을 것이다.
　의류구입비를 책정하기 위해 아이와 함께 필요한 것들을 생각해 보자.
　1) 겨울옷?
　2) 장화, 신발?
　3) 속옷?
　4) 원피스, 바지, 스타킹, 스웨터?
　5) 운동장비?

　겨울 외투나 부츠 같은 비싼 물건을 살 때는 아이가 먼저 상점을 돌아다니며 원하는 것을 고른 다음, 판매원에게 물건을 보관해 달라 하고는 엄마와 함께 가서 돈을 지불하고 찾아오는 것이 좋다. 베를린 같은 대도시에서, 아이가 호주머니에 몇백 마르크를 넣고 상점을 기웃거리는 일은 그다지 바람직한 일이 아니다.
　"나는 메이커를 따지는 편이죠"라고 벤야민(13세)은 말한다. "하지만 정품을 사지는 않아요. 501(청바지)을 50퍼센트 이상 할인된 가격으로 산 적도 있어요. 이 셔츠도 특별가로 구입한 거예요."
　그의 친구인 시몬도 이렇게 말한다. "나도 보통은 메이커를 사요. 나는 옷에 꽤 신경을 쓰는 편이거든요. 남보다 튀어 보이고 싶어 세련된 옷들만 찾지요. 난 내 취향에 맞는 옷가게를 알고 있어요. 보통은 혼자서 옷을 사지만, 돈이 모자랄 때는 계약금을 내고 물건을 보관시키기도 해요. 그러면 엄마가 가서 나머지 금액을 지불하고 찾아오시죠."

17세인 크리스토프는 이렇게 말한다. "나는 용돈으로 매달 2백 마르크를 받습니다. 그 돈으로 옷까지 사입기에는 모자라요. 하지만 엄마가 돈을 더 주시진 않습니다. 그래서 옷을 사고 싶으면 엄마와 상의하여 엄마 카드를 가져가지요. 엄마와 약속한 금액을 초과하는 옷을 산 적도 여러 번 있습니다. 엄마에게 매여 있어야 한다는 것은 짜증나는 일이지만, 지금은 어쩔 수가 없네요."

프리랜서 번역가로 9세인 딸과 12세인 아들을 둔 프라우케 쉼머는 이렇게 말한다. "우리 아이들은 옷에 전혀 신경을 안 써요. 딸아이는 그렇다치고 알렉산더는 정말 끔찍해요. 청바지는 다 해어지고, 운동화는 어디서 빌어먹고 다니는 애 같아요. 하지만 나는 되도록 간섭하지 않으려고 해요. 사춘기가 되면 좀 달라지겠지요. 하지만 우리 아이들이 기본적으로 옷에 관심이 없는 건 분명해요. 유행을 따라가기는커녕 그런 아이들을 비웃는다니까요.

내가 아이들을 그렇게 만들었는지도 몰라요. 생전 아이들에게 유행하는 옷을 사준 적이 없었거든요. 주로 중고매장이나 이월상품을 이용했죠. 아이들에게 옷을 사라고 돈도 주어 보지만 쓰질 않아요. 알렉산더는 그냥 가지고 있고, 딸아이는 그 돈으로 추리소설이나 화구통을 사지요. 사춘기가 되면 멋도 좀 부릴 줄 알아야 할 텐데."

튀어 보이고 싶어하는 아이들도 있지만, 대부분의 아이들은 오히려 튀어 보이지 않으려 애쓴다. 물론 좋은 옷을 입고 싶어한다. 하지만 겉치레는 싫어한다. 아이들의 옷장이 가득 차 있는 현상은 아이들 책임이 아니라 엄마의 책임인 듯하다.

아이들은 신뢰감과 자신감·친절심을 중요시한다. 옷을 잘 입는 것은 아홉번째에 머물렀다. 사춘기가 되어 외모에 신경을 쓰더라도 우리는 아이들을 신뢰해 주어야 할 것이다. 13세가 되면서부터 아이들의 요구가 부쩍 늘어나기 때문이다.

부모를 구워삶는 법

졸라댄다구요? 타니아는 어깨를 으쓱한다. "그럴 필요 없어요. 갖고 싶은 것을 말하면 언제든지 사주시니까요. 하지만 갖고 싶은 것이 별로 없어요." 갖고 싶은 것이 없다고? 그럴 만하다. 타니아는 예외적인 경우이다. 타니아는 모든 것을 가지고 있다. 그래서 더 이상 가지고 싶은 것이 생각나지 않고, 생각하고 싶지도 않다. 타니아는 하노버 교외에 살며 말을 타고 숲과 들을 누빈다. 그녀의 방은 상대적으로 검소하게 꾸며져 있다. 텔레비전과 오디오 대신 몇몇 댄스 그룹의 브로마이드와 말 그림이 걸려 있다. 타니아는 액세서리를 수집한다. 수집한 것들을 사람 크기만한 스치로폴 인형에 주렁주렁 걸어 놓았다. 여러 가지 색깔과 모양의 액세서리들이 하얀색 스치로폴 몸에 물결치듯 매달려 있다. 11세짜리가 그것을 가지고 무엇하느냐고 묻자 어깨를 으쓱한다. "그냥 보는 거지요. 엄마와 친척들로부터 선물받아 모은 것들이에요. 너무 많다 싶을 때는 친구의 생일날 선물하기도 하지요. 친구도 액세서리를 좋아하니까요."

옷이오? "옷은 엄마 옷 사러 나갔을 때 얻어입어요. 엄마와 쇼핑하는 것은 재미있어요. 어른 옷들은 정말 멋지지요. 나도 그런 옷을 입고 싶어요. 엄마는 엄마 옷을 고른 다음 내 옷도 사주지요."

13세인 슈테판은 이렇게 말한다. "가지고 싶은 게 있는데 부모님이 안 사주실 것 같으면, 나는 조르고 조르고 또 조르지요. 그게 다예요. 항상 그런 식이죠. 예전에 이런 일이 있었어요. 드럼을 샀는데 너무 커서 내 방에 들여 놓을 수가 없었어요. 그래서 지하실에 있는 자전거를 치우고 그곳에 들여 놓으려 했죠. 그러자니 자전거를 넣을 창고가 하나 있어야 했어요. 내가 하도 졸라대니까 아빠는 드럼을 지하실에 넣어 주시고, 자전거를 넣을 창고는 따로 지어 주셨죠. 이제 나는 지하실에서 친구들과 함께 마음껏 드럼을 쳐요. 친구의 신시사이저도 갖다 놓았어요. 바라는 거요? 한 가지 말하라면 우리 자동차에 커다란 텔레비전을 설치하는 거예요. 여행길에 아주 지루하거든요. 안해 주시면 차 안에서 또 졸라대겠죠."

14세인 니콜라는 이렇게 말한다. "나는 의류구입비를 타지 않아요. 의류구입비를 타면 다른 데에 금방 써버릴걸요. 내 통장엔 2천 마르크 정도가 들어 있어요. 그것으로 옷을 살 수도 있겠지만, 아빠는 그 돈으로는 '뭔가 의미 있는 것'을 하라고 하세요. 옷은 의미 있는 것이 아니라고 생각하시나 봐요. 옷은 보통 엄마가 쇼핑하는 데 따라갔다가 얻어입어요. 옷 사달라고 졸라대는 편은 아니에요. 하지만 디스코텍 갈 때는 달라요. 엄마는 디스코텍 가는 걸 싫어하셔서 돈을 주지 않으려 하세요. 나는 조르다가 안 되면 화가 나서 문을 쾅 닫고 나가 버리지요. 그렇다고 엄마를 넘어가게 할 만한 작전이 있는 것도 아니니까, 돈을 받으면 가고 안 주면 할 수 없지요. 어떤 때는 엄마가 돈을 안 주면 친구에게 빌려서 가기도 해요."

15세인 세바스찬은 이렇게 말한다. "조르는 거요? 그건 어린아이나 하는 짓이지요. 각자 자신만의 무기가 있어야 해요. 우리 부모님은 공부에 관계되는 것이면 무엇이든지 다해 주겠다고 하시죠. 그래서 나는 그 점을 이용해요. 요전에도 친구들과 돌로미텐(알프스의 일부)으로 스키를 타러 가도 좋다는 허락을 받아냈어요. 부활절 휴가를 이용하여 체력을 단련시키겠다고 했죠. 그리고 이번에는 최신 오디오를 얻어낼 참이에요. 오디오도 어떻게 보면 공부와 밀접한 관계가 있는 것 아니겠어요? 여러 대리점을 돌아다니며 전단지들을 모아 가서 함께 상의해 보자고 하면, 부모님은 — 오디오를 잘 모르시니까 — 네가 알아서 하라고 하시겠지요. 물론 괜찮은 걸로 골라야지요. 그리고 그 다음 목표는 소형 오토바이예요. 오토바이 역시 조른다거나 속임수를 쓴다거나 해서 되는 건 아니죠. 오토바이가 있어야 하는 당위성을 적절히 설명하여야 해요. 그러려면 시간이 좀 걸리겠는데요. 틀림없이 좋은 방안이 떠오를 거예요."

13세인 사브리나는 이렇게 말한다. "내 방 카페트는 너무 낡아서 항상 새것을 사고 싶었어요. 하지만 엄마는 '그게 얼마나 비싸게 주고 산 건데……'라고 말씀하셨죠. 어느 날 나는 내친 김에 친구와 함께 내 방 천정을 다른 색으로 페인트칠하기 시작했어요. 짙은 감색 바탕에 별이 떠 있는 멋진 하늘을 그리려고 했죠. 그런데 부산하게 난리를 피우다가, 내 페인트통이 넘어지면서 그만 페인트가 바닥으로 흘러나왔어요. 카페트는 완전히 엉망이 됐고, 엄마는 굉장히 화가 나셨죠. 내가 좀 비열했나요? 하지만 얼마 안 있어 집에 중요한 손님이 오기로 되어 있었기 때문에 엄마는 카페트를 새로 사주실 수밖에 없었어요. 이거랍니다. 예쁘죠?"

사브리나의 친구 리지는 이렇게 말한다. "사브리나와 나는 미국 여행을 하고 싶어요. 고래가 보고 싶거든요. 엄마 아빠도 뉴욕과 플로리다에 가보고 싶어하시니까 조르면 될 법도 한데…… 서해안을 따라 오리건으로 가다 보면 수염고래와 혹고래들이 바다에서 뛰노는 광경을 볼 수 있을 거예요. 정말 보고 싶어요. 하지만 크리스마스도 지나고 생일도 지나고, 또다시 크리스마스가 지났는데도 엄마는 아직 허락을 해주시지 않아요. 얼마 전엔 내게 '원하는 것을 다 가질 순 없어'라고 말씀하시더군요. 내가 가진 게 뭐가 있다고…… 다음 봄에도 그곳에 가지 못한다면, 나는 울며 떼를 쓸 거예요. 허락할 때까지요."

8세인 올가는 이렇게 말한다. "나의 소원은 고양이를 키우는 거예요. 아주 작은 고양이요. 나는 벌써 고양이 먹이 값을 저축하고 있어요. 태어나는 데는 돈이 들지 않지만 먹여야 사니까요. 엄마는 내 의견에 반대예요. 카페트에 털이 묻는다고요. 하지만 내가 청소기를 돌리면 되잖아요. 나도 그 정도는 할 수 있어요."

11세인 아드리안의 말이다. "내 소원 역시 미국 여행이에요. 여름에 친구들과 함께 가고 싶어요. 허락을 받아내기 위한 작전 같은 건 없지만 우린 기필코 갈 거예요. 미국 전역을 횡단하면서 동물들을 많이 보고 싶어요. 나는 동물학자가 되고 싶거든요. 그렇지 않다 해도 어쨌든 유익한 경험일 거구요."

마리나(14세)는 이렇게 말한다. "만약 내가 바라는 것을 부모님이 허락해 주지 않을 것 같으면, 나는 그보다 훨씬 큰일을 생각해 내요. 이를테면 친구와 둘이서 승마 목장에 놀러 가고 싶은데 부모님이 허락을 안해 주실 것 같으면, 나는 한참 부풀려서 말을 가지고 싶다고 말하지요. 내 말을 타고 달려 보는 것이 나의 가장 큰 소원이며, 말 없이는 살 수가 없다고요. 며칠간 계속해서 말을 사달라고 조르면, 엄마는 조금 누그러져서 우리 집엔 말을 키울 만한 데도 없다는 둥 나를 달래기 시작하시죠. 그러면 나는 그 틈을 타 큰 양보라도 하는 듯 이렇게 말해요. '그럼, 소냐와 둘이 승마 목장이라도 가게 해주세요' 라구요. 멋진 방법이죠."

아이들 각각 바라는 것도 다르고, 바라는 것을 손에 넣는 방법도 다르다. 확실한 것은 유년기를 벗어나는 데는 돈이 든다는 것이다.

8

동전, 지폐, 은행

　아리아네는 최신 CD와 워크맨을 가지고 있으며, 메이커 옷만 입고, 매주 연예잡지를 사본다. 아리아네의 오빠 카를로 또한 성능 좋은 오디오와 PC, 그리고 최신 슈퍼 닌텐도 게임기를 가지고 있으며, 리바이스를 입고, 유명 메이커 운동화를 신는다. 카를로는 요즈음 스포츠 코너에 어떤 브랜드가 뜨고 있는지 아빠에게 조언까지 한다. 아리아네는 10세이고, 카를로는 12세이다.

　아이들이 브랜드 이름을 더 잘 안다. 그들은 비판적이고 솔직하며 까다롭고 질을 따지는 것처럼 보인다. 기업들의 연구에 의하면, 학업 성적이 우수한 아이들이 그렇지 않은 아이들에 비해 브랜드를 그리 중요시하지 않는다고 한다. 실업계 학교의 아이들이 인문계 학교의 아이들보다 텔레비전과 비디오 앞에서 시간을 더 많이 보낸다는 통계 역시 이런 사실을 뒷받침하고 있다. 브랜드 선전은 보통 텔레비전과 비디오·컴퓨터 게임에 나오기 때문이다.

　가지고 싶은 것이 있거나 용돈이라도 올리고 싶을 때면, 이이들은 어찌 그리 말을 잘하고 아는 것도 많은지 모른다. 그러나 그것뿐이다. 거기에서 한 발짝만 더 나가면 아이들은 아무것도 모른다.

은행에 대하여

아이들에게 은행이 무엇이며, 무슨 일을 하는 기관이느냐고 물어보면 아이들이 상상외로 무지하다는 데 놀랄 것이다. 심리학자 아네테 클라는 학술 논문 〈청소년의 경제 관념 발달〉에서 이렇게 쓰고 있다. "10세가 넘는 아이들도 은행이 자선을 베푸는 곳인 줄 안다. 도둑맞지 않도록 돈을 금고에 보관해 주는 곳으로 말이다. 또한 은행이 이자를 지급하는 것은 사람들을 도와 주고, 저축을 장려하기 위해서라고 생각한다."

아이들은 은행에는 항상 돈이 넘치는 줄 안다. 은행은 국가나 중앙은행으로부터 돈을 공급받으며, 은행 직원들의 봉급도 국가가 주는 줄 안다. 아네테는 위의 논문에서 이렇게 말한다. "많은 아이들은 은행이 국민에게 서비스를 제공하기 위해 국가가 설립한 기관으로 안다. 사람들의 돈을 맡아 안전하게 보관해 주고, 재정적으로 어려울 때 돈을 빌려 주는 곳으로 말이다."

10세에서 12세 사이의 아이들은, 은행이 돈으로 돈을 버는 이윤추구형 기업이라는 것을 꿈에도 생각지 못한다. 중학교에서도 은행의 운영방식과 화폐 및 대출제도에 대해 전혀 배우지 않는다. 15세 이후에야 은행이 사회봉사단체라는 이미지가 서서히 깨지고 이윤을 추구하는 기관이라는 것을 알게 되지만, 함정은 이미 닫힌 상태이다. 아이들은 보통 14세에서 16세 사이에 은행을 선택하여 구좌를 개설한다. (고객들의 과반수가 한 번 선택한 은행과 계속해서 거래한다.) 직장인이 되면 수입 전체를 '어릴 때 선택한' 은행에 맡기게 된다.

은행은 어린이 고객을 유치하려고 노력한다. 2000년이 되면 아동 인구수는 1980년의 절반으로 줄어든다. 각 은행은 시장 점유율을 높이기 위한 경쟁에 돌입했다. 아동은 가장 중요한 시장이다. 젊은 세대를 얻는 자만이 향후 대차대조표에서 고객의 증가를 기록할 수 있다! 청소년연구소는 14세의 30퍼센트, 16세의 50퍼센트, 19세의 90퍼센트가 거래 구좌를 가지고 있다고 발표했다. 18세까지는 대부분 특정한 금융기관과 연결된다는 말이다.

이제 백화점도, 슈퍼마켓도, 구두점도, 청바지 가게도, 병원이나 자동차 거래상도 금융기관만큼 고객유치에 열을 올리지는 않을 듯하다. 물론 저축은 좋은 것이다. 그러나 각종 금융기관들은 소비 사회의 분위기에 편승하여 갖가지 대출을 조장하고 있다.

우리는 무엇을 하는가?

우리는 아무런 대책이 없다. 대부분의 부모들은 아이들이 광고를 보면서 얼마나 구매 충동을 느끼는지, 1주일을 보내면서 얼마나 많은 유혹에 내맡겨져 있는지를 알지 못한다.

11세의 쌍둥이 엄마인 일로나(35세)는 자신의 어려움을 이렇게 피력한다. "어떤 땐 굉장히 화가 납니다. 오늘날 아이를 양육한다는 것은 전쟁이나 다름없어요. 매일매일 텔레비전과 잡지·광고와 싸우는 동시에, 다른 부모들의 무덤덤한 태도와도 맞서야 합니다. 아이들이 어떤 잡지를 읽건 별 관심이 없는 부모들이 많은 것 같아요. 나는 아이들이 그런 것들을 보고 있으면 참지 못합니다. 우리 부부는 아이들에게 광고가 원하는 것은 우리들의 돈이며, '너희들의 주머니나 돼지 저금통에서 눈 하나 깜짝하지 않고 용돈을 끌어낸다'고 설명해 주지요."

이러한 '용돈'으로 1년에 3만여 개의 유치원을 지을 수도, 국가의 빚을 갚을 수도, (아동담당관이 한 명도 없는) 국회를 위해 배부른 건강식을 제공할 수도 있을 것이다. 자기들의 용돈에 많은 힘이 숨어 있다는 것을 안다면 아이들은 자신의 용돈을 아끼고 사려 깊게 사용할 것이며, 내일이면 쓰레기통으로 던져질 것들을 위해 돈을 아무렇게나 지출해 버리지도 않을 것이다.

아이들을 잘 가르쳐서 솔직하고 비판적이고 자율적인 소비자로 키우는 것은 시간이 갈수록 더욱 중대한 사안이 될 것이다. 자율적 소비라는 말은, 외부의 영향에서 벗어나 모든 것을 독립적으로 결정하는 소비 행위를 말한다. 잡동사니 나라의 앨리스를 신기한 나라로 되돌려야 한다!

대중매체들의 일방적인 정보가 아이들의 의식을 마음대로 주무르고 있다. 반대편의 정보와 계몽·계도가 없으면 아이들은 거기에서 헤어나올 수 없다. 10세 정도까지의 아이들은 다른 어떤 사람의 말보다 부모의 말을 중요하게 받아들인다. 대중매체나 학교나 기업보다 부모의 영향이 더 지대한 시기이다. 그러므로 우리는 어릴 때부터 아이들에게 적절한 '반대 정보'를 알려 주어야 한다. 은행이 사람들에게 자선을 베풀고, 돈을 도둑맞지 않도록 금고에 보관해 주는 공공기관이라고 믿는 무지 가운데 있게 해서는 안 된다. 혹은 우리 어른들조차 이런 유아적인 믿음의 '잔여분'을 가지고 있지는 않는가?

대출의 유혹

좀더 많은 고객을 확보하는 것! 이것은 은행뿐만 아니라 모든 기업들의 목표이다. 그들은 소비를 조장하고, '지금 이 순간'의 삶을 강조하면서 돈을 쓰게 —— 은행의 경우 돈을 대출받게 —— 만든다. 젊은이들의 소비욕을 자극한다. "돈 자체는 사람을 행복하게 만들지 않는다. 그러나 주머니에 돈이 있어야 비싼 오디오와 세련된 옷을 살 수 있다. 자전거 대신 오토바이나 자동차를 살 수 있으며, 해외여행을 갈 수 있다"고 말이다. 그러나 학생이나 직업 초년생이 어디서 쓰고 싶은 만큼의 돈을 얻는단 말인가? 부모가 아무리 관대하더라도 용돈은 한계가 있다. 또한 수습기간의 보수는 매우 적다. 그리고 돈이라는 게 버는 건 어려워도 쓰기는 얼마나 쉬운지, 때기시 필요한 것 몇 가지를 사고, 저기서 충동 구매 몇 번 하다 보면 돈은 금방 손가락 사이로 빠져 나간다.

경기용 자전거와 성능 좋은 PC, 새 스키 장비, 꿈에도 그리던 여행을 생각하며 우리 아이들은 머리를 굴린다. '아르바이트를 할까, 장학금을 탈 수 있을까, 어떻게 돈을 모을까?'에서, 대학생쯤 되면 '신용대출을 받을까?' '조금 있으면 형편이 나아질 거야. 그렇다면 대출을 받자!' '지불 유예기간이 가장 긴 곳은 어디지?'라는 생각이 뇌리를 스친다. 부정적이고 윤리적인 통념은 사라진다. 아무도 대출에 따른 비용과 위험성을 경고해 주지 않는다. 무방비 상태로 갈고다듬은 판매 전략에 내맡겨진다.

은행에 구좌를 개설하면 자동적으로 캐시 카드가 발급된다. 현금자동지급기가 있는 곳에는 밤에도 환하게 불이 켜져 있다. 젊은이들은 마음대로 돈을 빼낼 수 있다. 캐시 카드는 어른이 된 것 같은 기분을 느끼게 해준다. 현금이 바닥나 서비스를 받을 때도 돈을 언제 갚을 거냐고 다그치지 않는다.

곳곳에 현금지급기와 현금서비스기가 서 있다. 카드만 밀어넣으면 1분도 안 되어 1천 마르크를 손에 쥘 수 있다. 세상물정을 잘 모르는 젊은이들은 순식간에 빚더미에 올라앉을 수 있다.

프리랜서 엔지니어인 페터 멩거(43세)의 말이다. "우리는 큰애 하이코 때문에 그런 경험을 했습니다. 고등학교 졸업 후, 하이코는 바이에른에서 토목 공부를 시작했지요. 우린 슈투트가르트에 살고 있었어요. 혼자 떨어져 공부한 지 1년이 지났을까, 우리는 정말 우연히 아이가 4천 마르크가 넘는 빚을 지고 있다는 사실을 알게 되었어요. 아들은 아르바이트를 해서 빚을 갚아 나가려고 했지만, 공부하면서 아르바이트를 하기란 쉽지 않았지요. 주말에는 여자친구가 찾아왔구요. 그래서 빚은 점점 쌓여갔던 겁니다. 아내는 경악을 금치 못했습니다. 그러나 그래 봤자 소용 있나요? 저도 적잖이 유감스러웠습니다. 어떻게 그렇듯 짧은 기간에 그 많은 빚을 질 수 있었던 건지. 갑자기 혼자 떨어져 공부하게 되었으니 앞으로 어떻게 해주어야 할 것인지…….

우리는 공동의 '타개책'을 강구했습니다. 아들은 더 싼 집으로 옮겨갔고, 우린 은행 빚을 완전히 갚아 버린 후 빚의 절반은 아이 스스로 매월 조금씩 나누어 우리에게 부치라고 했습니다. 또한 우리 역시 그동안 상황을 제대로 파악하지 못해서 아들의 생활비를 너무 적게 주었다는 결론을 내렸습니다. 아들아이는 생활비가 모자랐고, 우리에게는 아무 말도 하지 않고 저 혼자 해결해 보려고 했던 것입니다. 그거 하나는 좋게 봐줘야겠지요."

직업훈련생 토마스(21세)의 말이다. "대학입학자격시험을 치르고 난 후, 나는 곧바로 병역 대체근무에 들어갔습니다. 지금보다 월급은 더 많았지요. 하지만 내가 돈을 아무렇게나 쓰는 바람에 1천 마르크의 현금 서비스를 받게 되었어요. 1천 마르크에다 14.8퍼센트의 이자를 붙여서 갚아야 한다는 것을 알게 될 때까지는 그저 그런가 보다 했어요. 결국 내가 갚아야 할 총액은 1천5백 마르크에 가까운 액수였지요."

청소년들은 아무것도 모른다. 그런 상태로 성년이 되었을 때, 부모도 모르는 상태에서 빚을 지게 되는 경우가 비일비재하다.

"작열하는 태양 아래, 해변가에서 휴가의 기쁨을 만끽하시지 않겠습니까? 섬은 어떨까요? 망설이지 말고 다녀오십시오. 여행비는 할부로 조금씩 상환하시면 됩니다! 노리스

멀티에서는 모든 것이 간단합니다!" 이 회사의 중견 나리(!)들은 어려서부터 경제 교육을 제대로 못 받은 젊은이들이, 이런 광고 때문에 쉽게 빚의 소용돌이에 빠질 수 있음을 알기나 할는지 모르겠다. 광고주들은 광고를 세상에 내놓기 전에, 청소년들이 그런 광고를 보고 어떤 충동에 사로잡힐 것인지를 생각해 보아야 할 것이다. 아이들의 조촐한 예산은 광고에 의해 달구어진 소비욕과 극한 대조를 이룬다. 많은 청소년들은 소비에서 정체성을 찾고 있다. 가지지 못하고 함께 하지 못하는 자는 아무 데도 속할 수 없는 'Nobody'가 된다.

겨울잠을 자는 곰처럼

아이들은 어른들의 가치관을 그대로 받아들인다. 어떤 아이도 부모로부터 '영향을 받지 않을 수' 없다. 스포츠에 열광한다거나, 종교적이라거나, 이재에 밝다거나, 예술적 재능이 있다거나, 인색하다거나, 명랑하다거나, 겸손하다거나, 관대하다거나, 솔직하다거나, 여행을 좋아한다거나, 그 어떤 특성을 가진 아이든 그것이 어느 정도 부모에게서 비롯되었다는 것은 부인할 수 없다.

크리스마스 때 다이아몬드 반지를 선물받고 눈물까지 흘리며 기뻐하는 엄마라면, 나중에 자기 딸이 자라 "더 많이, 더 많이!"를 외쳐도 놀라지 말아야 할 것이다.

우리 아이들은 기업과 은행으로부터 굉장히 쉽게 조종당
할 수밖에 없는 듯하다. 경제 감각이 전혀 없기 때문이다.
아이들 대부분은 경제 용어를 자신들과는 상관없는 별세계
의 암호로 여긴다. 미래에 전혀 대비하지 못하고 있다. 청소
년들의 경제 관념을 국제적으로 비교한 결과, 아프리카의
아이들이 유럽의 아이들보다 이윤추구의 원칙을 빨리 이해
하고 있는 것으로 나타났다. 어려서부터 부모의 생업에 참
여하는 아이들의 사업 감각이 뛰어난 것은 당연한 일일 것
이다.

홍콩의 아이들도 미국과 스코틀랜드의 아이들보다 은행
의 진모를 훨씬 더 빨리 파악하고 있었다. 홍콩에 사는 10
세의 중국 아이는, 은행이 돈으로 돈을 번다는 것을 확실히
알고 있었던 것이다.

경제가 중요시되는 나라일수록, 아이들이 조기에 경제 질
서에 편입될수록 경제 관념도 빨리 생성된다. 홍콩 아이가
유치원 시절부터 벌써 모노폴리(판돈을 걸고 주사위로 여럿
이 참여하는 게임의 일종)를 하고, 18세에 첫 생선요리체인
점을 여는 것은 그렇다치자. 그러나 대학 신입생이면서 자
동이체도, 대출이자도 모르는 우리 아이들은 어떠한가?

미국 가정의 물품 구입 실태를 조사한 결과, 아이들은 자
기들이 받는 용돈의 2배 이상의 구매력을 가지고 있었다.
옛 서독 지역에서는 그 액수가 지그마치 여간 약 2백70억
마르크에 이른다. 이런 상황에서 아이들에게 어려서부터 의
식적이고 비판적인 소비를 가르치는 것은 과제 —— 특히 아
빠들의 과제—— 일 것이다. 사실 광고를 만들어 내면서, 자
기 아이들은 그것과 무관하다고 생각하는 사람들은 (대부

분) 경제 활동을 하는 아빠들이다. 그들은 책상에 앉아 앨리스를 —— 앨리스와 함께 신기한 나라에 대해서는 전혀 모르는 자신의 아들딸들을 —— 잡동사니의 나라로 보낸다.

9

실습을 통한 도움

"사람들은 동물들을 남김없이 잡아먹었지요. 동물과 바꿀 수 있는 것도 없었고, 사냥할 동물도 없었습니다. 그래서 돈을 만들어 냈지요. 돈으로 먹을 걸 사려구요. 돈이 밀보다 더 나았어요. 밀은 질질 끌고 다녀야 하잖아요. 그에 비해 작은 동전과 지폐는 운반하기가 쉬웠고, 그래서 모두 밀이 아니라 돈을 사용하게 되었지요. 돈은 편리하고 밀보다 오래 가니까요." 돈이 생겨난 이유를 묻는 질문에 10세의 어린이가 답한 내용이다.

자녀에게 이런 질문을 던져 보라. 아이들과 함께 재미있는 놀이를 통해 은행과 돈, 구매와 광고에 관해 가르쳐 주면 당신과 아이들 사이에 새로운 차원의 관계가 형성될 것이다. 아이들은 굉장히 재미있어할 것이며, 당신을 자랑스러워할 것이다. 은행, 돈, 소매가게, 인플레이션, 대출, 상거래, 저축, 화폐와 화폐 위조……. 이런 주제의 대화는 그동안 어른들만의 몫이었다. 아이들은 이런 '메마른' 대화를 지루해하고 재미없어할 것이라는 이유 때문이었다. 물론 맞는 말이다. 10세의 어린이에 대출 조건들이 깨알 같은 글자로 인쇄된 전단을 내밀거나, 《우리 시대의 경제》라는 책을 읽어 준다면 얼마나 지루해할까? 첫문장을 읽기도 전에 하품이 나올 것이다. 지루할 뿐 아니라, 무슨 말을 하는지 도무지 알아듣지 못할 것이다.

왜 이럴 수밖에 없는 것일까? 돈이 생겨난 이유와 과정을 정확하고 재미있게 설명해 주는 만화책은 어찌하여 한 권도 없는 것일까? 12세 어린이도 대출이 무엇인지 알 수 있을 산뜻한 은행 안내책자는 왜 없을까? 대출의 위험에 대해 설명해 놓은 안내서는? 쉽게 빚질 수 있음을 경고하는 문구는 왜 보이지 않을까?

금융기관의 이러한 위장전술에 대해, 우리는 아이들을 적극적으로 대비시켜야 한다. 광고와 마케팅 전략이 없을 수는 없다. 그것은 우리의 자본주의 경제의 기초를 이루고 있으며, 굉장한 고용 효과를 지니고 있다.

하 — 지 — 만 — , 그런 자본주의 소비 사회가 우리의 아이들을 가장 중요한 목표 그룹으로 설정하여 조종하고 있는데도, 아이들에게 그에 대한 반대급부를 제시해 주는 기관은 한 군데도 없다. 6세에서 9세까지의 아이들에게 "광고를 왜 만들었을까?" 하고 질문했더니, 약 반수에 이르는 아이들이 "우리를 웃게 하려구요!"(독일 Media Perspektiven지 6/96)라고 답했다. 좋은 대답이다. 하지만 부모가 옆에서 "광고하는 물건을 사게 하려구요!"라고 보충해 주면 좋을 것이다. 인생 선배로서 아이들에게 영향력을 가지고, 일상 속에서 아이들의 (광고를 통한) 혼란을 바로잡아 줄 수 있을 유일한 존재는 바로 부모이다.

아이들이 매우 공격적인 광고나 대단한 은행 광고전, 극도로 세련된 마케팅 전략에 넘어가지 말았으면 하는가? 아이들에게 당신의 시간과 창의성을 투자하라. 그러면 아이들은 자라서 당신에게 '행운의 당첨제비'가 되어 줄 것이다. 다음에 활용할 수 있는 방법들을 제시해 놓았다. 이 방법들

은 아이들을 의식 있는 소비자로 기르는 데 도움이 되어 줄
것이다.

이를수록 좋다

작은 시작

아이가 아직 취학 이전의 연령이라면 집에서 할 수 있는
간단한 가게놀이부터 시작하고, 나중에 커다란 슈퍼마켓으
로 무대를 옮기는 것이 좋다. 하지만 제일 먼저 할 일은, 아
이에게 여러 종류의 화폐와 그 가치를 이해시키는 것이다.

5세인 꼬마 발레리는 1백까지 셀 수 있으며, 색연필로 종
이에 1이라 쓰고 동그라미 2개를 붙일 수 있다. 다른 숫자
는 아직 모른다. 발레리보다 6개월 빠른 안드레아도 아직
숫자를 쓸 줄 모른다. 안드레아에게 아직 돈은 장난감에 불
과하다. 안드레아는 동전을 수북이 쌓아올렸다가 부수는 놀
이를 좋아한다. 하지만 두 소녀는 슈퍼마켓에 가서 1마르크
짜리 은화를 내면, 속에 장난감이 든 계란 모양의 초콜릿 1
개와 2개의 10페니히짜리 동전을 돌려받는다는 것을 알고
있다. 이 나이의 아이들은 슈퍼마켓에서 물건 사는 것을, 작
은 동전이나 한 장의 종이를 먹을 것과 초콜릿으로 가득 찬
바구니로 바꾸는 멋진 일로 생각한다.

5,6세의 아이들은 1백 원짜리 동전과 5백 원짜리 동전이

다르다는 것을 안다. 그리고 대부분은 5백 원짜리가 조금 더 가치 있다는 것을 안다. 5백 원짜리가 좀더 크고 묵직하기 때문이다. 이 나이에 거기에 새겨진 숫자를 보고 가치를 평가하는 아이들은 많지 않다.

다음에 집에서 화폐의 가치를 가르칠 수 있는 작은 활동을 소개한다. 테이블 위에 갖가지 동전과 지폐를 늘어놓아 보라.

1백 원은 10원짜리 몇 개와 같은가? 5백 원짜리 동전은 1백 원짜리 몇 개와 같은가? 1천 원짜리 지폐는 1백 원짜리 몇 개와 같은가? 5천 원짜리 지폐는 1천 원짜리 몇 개와 같은가? 1만 원짜리 지폐는?

숫자와 양의 개념을 알게 하기 위해 동전과 성냥·단추·작은 돌을 이용해도 좋다.

그 다음 실제로 물건을 구입하는 놀이를 통해 돈의 실제적인 구매 가치를 알도록 해보자. 1(2,3)마르크로 어떤 물건을 살 수 있을까? 집에서 사과·노트·연필·머리핀·껌 등에 포스트 잇을 이용하여 가격을 붙여 보라. 사과나 노트를 사기 위해 어떤 종류의 돈이 얼마만큼 필요한가?

슈퍼마켓에 다녀온 후 포장 용기를 버리지 않고 테이블 위에 늘어놓은 다음, 물건에 해당하는 돈을 세어 각각의 포장 용기 앞에 놓아두는 식의 가게놀이도 할 수 있다. 아이들은 재미있어하면서 다음번에 슈퍼마켓에 가면 물건 하나하나를 주의 깊게 살피게 될 것이다. 아이가 어느 정도 자랐다면 쇼핑 후에 구입한 물건들의 가격을 영수증과 비교해 보고, 계산기로 물건값을 더해 보며 가격이 맞는지 확인해 볼 수도 있을 것이다.

프로그래머인 헬렌 벨저는, 딸에게 일찍부터 물건을 사오라는 심부름을 많이 시켰다. "우리 딸은 가게놀이를 매우 좋아해요. 다른 남매가 없기 때문에 어른들을 귀찮게 하지요. 집에 누군가가 오면 아이에게 무엇인가를 사야만 해요. 무게 달고 포장하는 일을 특히 좋아하지요. 처음에는 물건값 받는 것에는 거의 신경을 안 썼어요. 그러더니 여덟 살쯤 되니까, 그러라고 시킨 것도 아닌데 슈퍼마켓에서 가격과 상품을 차례대로 적어 오더군요. 얼마 전에는 조용히 앉아 자신이 구입할 물건들을 적고 있더라구요. 거의 노트 2장 분량에 달했지요. 왼쪽에는 상품명을 적고, 오른쪽에는 물건을 사온 후 가격을 적기로 했죠. 슈퍼마켓에 간 우리는 각자 한 라인씩 분담하여 물건을 구입했어요. 양카는 굉장히 재미있어했고, 나도 일상적인 장보기에 신선함을 더할 수 있었어요. 무엇보다 딸아이는 실제 상황에서 물건을 구입하고 가격을 비교하는 일을 배웠고, 같은 양의 설탕이라도 파는 곳에 따라 가격이 다르다는 것을 알게 되었죠. 양카는 슈퍼마켓에 가서 군것질거리들을 사달라고 찡얼대지도 않았어요. 정말 열심이었고, 자랑스러워하는 것 같았어요."

가격은 어떻게 책정되는가?

초등학교 2,3학년 정도의 아이라면 가격 형성과 생산비에 대해 알려 줄 수 있다. 어린이를 위한 쉬운 경제 세미나 같은 것을 들을 수 있으면 좋겠지만, 집에서도 아이와 함께 가게놀이를 하면서 몇몇 중요한 용어들을 가르칠 수 있다.

생산비는 다음과 같은 요인이 합쳐져 결정된다.

 1) 인건비

 2) 야생 원료, 가동용 원료(예를 들어 전기세), 기구, 기계, 토지(경작지나 공장 또는 사무실), 건물비

 3) 자본조성비, 즉 이자

아이와 함께 어떤 상품을 만들 것인지 생각해 보라. 그 상품을 '제조하기 위해' 공동으로 작은 공장을 세운다고 생각해 보라. 가령 종이배를 만들어 소매상인들에게 판매한다고 해보자. 그럴 경우 최종 소매가격은 상인이 부담해야 할 다음과 같은 요인이 합쳐져 결정된다.

 1) 상품구입비

 2) 판매원 고용 등에 따른 인건비

 3) 임대료, 전기, 기구, 설비 등의 가동비

 4) 광고비

 5) 자본조성비(이자)

이런 딱딱한 용어들도 재미있는 놀이를 통해서 전달된다면 아이들이 쉽게 이해할 것이다. 가령 다음번에 있을 축제에 아이와 함께 자두 케이크를 판매한다고 해보자. 아이와 함께 위의 견본에 따라 생산비 산출 계획을 잡아 본다. 아이들이 생산자, 아빠가 노동자가 되어 모든 개별 항목들을 계산한다. 이야기가 진행되다 보면, 노동자인 당신이 시간당 얼마의 임금을 받을 것인지에 대한 이야기가 나올지도 모른다. 시간당 임금을 받는다면, 아이들은 수당을 많이 받기

위해 자두씨 빼는 작업을 되도록 느리게 하려 할 수도 있다. 그 경우 그렇게 하면 생산성이 떨어지고, 생산단가가 올라가서 경쟁력이 떨어진다는 점을 설명해 주어야 한다.

완성된 자두 케이크를 30조각 정도로 분할하여 놓고, 한 조각당 생산비를 산출해 본다. 그리고 케이크 한 조각을 팔아서 얼마의 이윤을 낼 것인지 — 낼 수 있을지 — 를 생각해 본다. 그런 과정을 통해 아이들은 광고와 이윤, 수요와 공급에 대해 어느 정도 알게 될 것이다.

"자두 케이크를 사려는 사람들이 충분히 있을까?" "자두 케이크를 선전하는 현수막을 하나 그릴까?(비용은?)" "남는 케이크는 어떻게 처리할까?"

아이들이 누구인가를 알게 하기 위해, 종이에 '손님'·'제과업자'·'광고인'·'노동자'·'판매원'이라고 써서 아이들의 모자에 붙여 주면 좋을 것이다. 비단 거리축제일이 아니라도 괜찮다. 할머니가 오실 때 이런 행사를 마련하여 깜짝 놀라게 해줄 수도 있다. 그때는 진짜 카페처럼 한 조각에 2마르크 50페니히를 받아도 될 것이다.

탐정 활동: 질과 가격 비교

시간을 내어 아이들과 함께 시장에 나가서, 진열대 이곳저곳을 돌며 물건값을 비교해 보는 것도 좋다. 좋은 물건을 유리한 가격에 살 수 있는 곳은 어디인가? 아이는 마치 탐정처럼 물건과 가격을 수첩에 적는다. 1번 진열대 — 배 1킬로그램에 3마르크 80페니히. 2번 진열대 — 배(약간 흠이 있는 것) 1킬로그램에 4마르크. 당신은 아이가 살펴본 물건을 구입한다. 그리고 그 목록을 보관해 두었다가 다음번에 슈퍼마켓이나 백화점에 갈 때 들고 간다. 여기서는 배 1킬로그램이 얼마인가? 질은 똑같은가? 어디어디가 더 싼 이유는 무엇일까?

가격 비교, 이윤, 상품 판매, 계산 등의 개념도 아이들 입맛에 맞게 제시되면 잘 알아듣는다. 아이들에게 시장을 취재하여 작은 다큐멘터리를 만들어 오게 하는 것은 어떨까? 아이로 하여금 목에 카세트 녹음기를 걸고, 손에는 작은 마이크를 들고, 핵심 사항이 기록된 종이쪽지를 주머니에 꽂고 시장에 나가게 하라. 당신은 집에서 아이가 취재해 온 것을 듣고 활용할 수 있을 것이다.

고학년 아이들에게는 어떻게?

그런 활동을 재미있게 마친 아이들에게 제시할 다음 과정은 컴퓨터를 매개로 이루어질 수 있다. 돈과 가격, 생산과 판매 등의 개념을 이해하기 쉽게 만들어 놓은 '백화점놀이'나, 그와 비슷한 종류의 소프트웨어가 나와 있을 것이다.

또한 일상 속에서 "농구화는 왜 그렇게 비싸다고 생각하니?" "자전거를 자전거 전문점에서 사는 것이 좋겠니, 백화점에서 사는 것이 좋겠니?"와 같은 질문으로 '상업적인' 대화를 유도하여 할인·고객 서비스·품질 등에 대해 이야기해 보자. 돈·구매·상거래·판매·이윤 등의 개념들이 자연스럽게 대화 속에 등장하는 가운데 아이들은 보다 쉽게 그런 개념들을 이해할 수 있을 것이며, 지금까지 무관심했던 세계가 열리게 될 것이다.

모던 뱅킹

소비 위주의 사회 속에서 아이들을 '냉정한 비즈니스의 세계'로부터 보호하고 싶은 일부 부모들은, 새로운 대안으로서 아이들에게 일찍부터 '근검절약'을 철저히 습관화시키자고 주장하고 있다. 옳은 말이다. 하지만 무지한 상태에서 '절약'이라는 단어만 외치는 것보다 정보를 주고 계몽하고, 미래의 요구에 대처하도록 훈련시키는 것이 더 좋을 터이다.

여러 기업과 광고회사는 아이들의 돈주머니를 손에 넣기 위해 수백만 마르크를 투자하고 있다. 동시에 우리는 아이들이 꽤나 전문적이고 능력 있는 구매자인 줄 착각하고 있다. 아이들이 우리도 잘 모르는 운동화나 자전거, 또는 메이커들을 그리도 잘 읊조리고 있다는 이유로 말이다. 하지만 그런 현상은 능수능란하게 아이들의 시장 참여를 유도하고 있는 기업과 광고와 은행의 일방적인 영향에 다름 아니다.

아주 지적이고 말 잘하는 소년(13세)에게 장래 직업에 대해 생각해 보았느냐고 하였더니, 그는 딱잘라 아니라고 대답했다. "나는 직업에 대해 아는 게 없어요. 나의 부모님처럼 그저 앉아서 끼적거리는 일 외에는요." (그의 아버지는 세무사이고, 어머니는 변호사이다.) 이와 비슷하게 이미 유치원 때부터 은행을 들락거리는 아이들도 은행이라는 기관을 막연하게 여긴다.

5,6세의 어린이들은 은행을 돈이 없을 때 돈을 만들어 주는 곳으로 생각한다. 아네테 클라는 앞에서 언급했던 논문에서 이렇게 말한다. "은행이 나누어 주는 돈이 미리 저금해 두었던 것임을 아는 데는 시간이 걸린다. (……) 또한 10세에서 12세 사이의 아이들은 이윤추구 개념과 가격 형성의 과정을 알고는 있지만, 그런 개념을 은행에 적용시키지 않는다. 오히려 은행은 공공기관으로 사람들의 돈을 관리하고, 필요할 때 돈을 대출해 주며, 공공에 봉사하고 있다고 생각한다." 그러다가 어느 순간 "'은행 직원들의 월급은 어떻게 주지?' 하는 의문을 품지만, 금방 국가나 화폐주조소, 또는 다른 외부 기관들을 떠올리며 '아! 그런 곳에서 돈을 대주는구나' 라고 생각한다."

아이들에게 은행을 알게 하고, 대출의 위험에 대해서 알려 주는 활동을 시작해 보자.

──다음번에 아이와 함께 은행에 가면 은행의 입금, 송금, 인출양식 견본을 가져온다. 또한 그외 (여러 은행의) 정보책자도 모아온다.

──집에서 아이와 함께 입금, 송금, 계좌송금, 인출, 계좌이체 등의 양식을 기입해 본다. 잘된다면 다음에 아이에게 은행 심부름을 시킬 수 있을 것이다.

──아이와 함께 은행 창구에 가서, 아이가 저축한 돈에 몇 퍼센트의 이자가 붙는지 문의한다. 그리고 통장에 기록

되어 있는 액수와 비교해 본다.

—— 아이와 '은행' 놀이를 해본다. 미르코가 새 스키복을 사고 싶은데 돈이 없어 대출받고자 한다고 하자. "6백 마르크를 대출받으면 얼마를 갚아야 하죠?" 당신은 은행 직원을 가장하여 아이에게 매달 얼마씩 몇 달에 나누어 갚을 수 있는지를 계산해 준다. 매달 내는 상환금은 원금과 이자가 포함된 금액이다. 미르코가 6백 마르크를 꾸면 실제로 갚아야 하는 금액은 얼마가 되는가?

—— 미르코가 할부상환금을 내지 못할 경우 은행은 어떤 조치를 취하는가?

이런 방법이 너무 어렵게 생각되거든 은행을 직접 찾아가서 아이와 함께 배우는 것이 좋다. 아이들과 함께 얼마를 대출받을 것인지 가정해 보고 은행에 가서 고객상담 직원을 찾아, 아이들이 이해할 수 있게 대출금에 따른 상환금액을 계산해 보이도록 하라. 은행은 모든 절차에 대해 고객에게 설명해 주고 정보를 줄 의무가 있다.

찾아간 은행 직원이 별로 친절하지 않거든 다른 은행으로 가라. 그러나 명심할 것은 이런 활동이 아이들을 위한 놀이 차원에서 진행되어야 한다는 것이다.

아이가 이런 일들에 대해 '엄청나게' 긴장하고 있을지도 모른다. 또 거부할지도 모른다. 하지만 지금은 가고 싶어하지 않는다 해도, 나중에 필요할 때 어디에서 정보를 얻을 수 있는지 알려 주어야 한다.

아이들은 취학 이전부터 모든 현존하는 시장 상황에 부딪치게 된다. 마부르크 필립스대학 교육학 교수인 페터 뷔

히너 박사는, 자신의 논문 〈테디베어에서 첫키스까지〉에서 이렇게 말한다. "아이들은 그들을 겨냥한 소비 및 매체 시장에 노출되어 있으며, 성공과 업적을 지향하는 사회에서 그들에게 주어지는 모든 기회와 위험에 맞서야 한다. 아이들을 시장 메커니즘 전략에 무기력하게 넘겨 주지 않으려면, 먼저 자본주의 시장이 그들을 작은 성인으로 취급한다는 사실을 주목해야 한다. ……우리 어른들은 아이를 보호한다면서 자신들의 '소박했던' 유년시절을 그대로 전수하고 싶어한다. 하지만 이런 처사는 아이들이 변화된 현대 세계에 적응할 수 없도록 발목을 붙잡고 있는 행위임을 인식해야 한다."

유영미
연세대학교 독문과 및 동대학원 졸업
역서: 《아빠는 해도 된댔어》 등

현대신서
27

독일식 자녀 용돈 교육법

돈은 하늘에서 떨어지지 않는다

초판발행 : 1999년 7월 20일

지은이 : 카린 아른트
옮긴이 : 유영미
펴낸이 : 辛成大
펴낸곳 : 東文選
제10-64호, 78. 12. 16 등록
서울 종로구 관훈동 74
전화 : 737-2795
팩스 : 723-4518

편집 설계 : 韓仁淑

ISBN 89-8038-084-4 04370
ISBN 89-8038-050-X (세트)

【東文選 現代新書】
1. 21세기를 위한 새로운 엘리트   FORESEEN 연구소 / 김경현   7,000원
2. 의지, 의무, 자유   L. 밀러 / 이대희   6,000원
3. 사유의 패배   A. 핑켈크로트 / 주태환   7,000원
4. 문학이론   J. 컬러 / 이은경 · 임옥희   7,000원
5. 불교란 무엇인가   D. 키언 / 고길환   6,000원
6. 유대교란 무엇인가   N. 솔로몬 / 최창모   6,000원
7. 20세기 프랑스 철학   E. 매슈스 / 김종갑   8,000원
8. 강의에 대한 강의   P. 부르디외 / 현택수   6,000원
9. 텔레비전에 대하여   P. 부르디외 / 현택수   7,000원
10. 고고학이란 무엇인가?   P. 반 / 박범수   근간
11. 우리는 무엇을 아는가   T. 나겔 / 오영미   5,000원
12. 에쁘롱   J. 데리다 / 김다은   7,000원
13. 히스테리 사례분석   S. 프로이트 / 태혜숙   7,000원
14. 사랑의 지혜   A. 핑켈크로트 / 권유현   6,000원
15. 일반미학   R. 카이유와 / 이경자   6,000원
16. 딸에게 들려 주는 작은 철학   R. 시몬 세퍼 / 안상원   7,000원
17. 일본영화사   M. 테시에 / 최은미   근간
18. 청소년을 위한 철학교실   A. 자카르 / 장혜영   7,000원
19. 미술사학 입문   M. 포인턴 / 박범수   근간
20. 클래식   M. 비어드 · J. 헨더슨 / 박범수   6,000원
21. 정치란 무엇인가   K. 미노그 / 이정철   6,000원
22. 이미지의 폭력   O. 몽젱 / 이은민   근간
23. 경제학의 주요 개념   J. C. 두루엥 / 조은미   근간
24. 순진함의 유혹   P. 브뤼크네르 / 김웅권   근간
25. 딸에게 들려 주는 작은 경제학   A. 푸르상 / 이은민   근간
26. 부르디외사회학 기초강의   P. 보네비츠 / 문경자   근간
27. 돈은 하늘에서 떨어지지 않는다   K. 아른트 / 유영미   6,000원

【東文選 文藝新書】
1 서구빛은 詩人들   A. 뻬이르 / 최수철 · 김종호   개정근간
2 민속문화론서설   沈雨晟   40,000원
3 인형극의 기술   A. 훼도토프 / 沈雨晟   8,000원
4 전위연극론   J. 로스 에반스 / 沈雨晟   12,000원
5 남사당패연구   沈雨晟   10,000원
6 현대영미희곡선(전4권)   N. 코워드 外 / 李辰洙   각 4,000원
7 행위예술   L. 골드버그 / 沈雨晟   10,000원
8 문예미학   蔡 儀 / 姜慶鎬   절판

9 神의 起源	何 新 / 洪 熹	10,000원
10 중국예술정신	徐復觀 / 權德周	18,000원
11 中國古代書史	錢存訓 / 金允子	8,000원
12 이미지	J. 버거 / 편집부	12,000원
13 연극의 역사	P. 하트놀 / 沈雨晟	12,000원
14 詩 論	朱光潛 / 鄭相泓	9,000원
15 탄트라	A. 무케르지 / 金龜山	10,000원
16 조선민족무용기본	최승희	15,000원
17 몽고문화사	D. 마이달 / 金龜山	8,000원
18 신화 미술 제사	張光直 / 李 徹	10,000원
19 아시아 무용의 인류학	宮尾慈良 / 沈雨晟	8,000원
20 아시아 민족음악순례	藤井知昭 / 沈雨晟	5,000원
21 華夏美學	李澤厚 / 權 瑚	10,000원
22 道	張立文 / 權 瑚	18,000원
23 朝鮮의 占卜과 豫言	村山智順 / 金禧慶	15,000원
24 원시미술	L. 아담 / 金仁煥	9,000원
25 朝鮮民俗誌	秋葉隆 / 沈雨晟	12,000원
26 神話의 이미지	J. 캠벨 / 扈承喜	근간
27 原始佛敎	中村元 / 鄭泰爀	8,000원
28 朝鮮女俗考	李能和 / 金尙憶	12,000원
29 朝鮮解語花史	李能和 / 李在崑	15,000원
30 조선창극사	鄭魯湜	7,000원
31 동양회화미학	崔炳植	9,000원
32 性과 결혼의 민족학	和田正平 / 沈雨晟	9,000원
33 農漁俗談辭典	宋在璇	12,000원
34 朝鮮의 鬼神	村山智順 / 金禧慶	12,000원
35 道敎와 中國文化	葛兆光 / 沈揆昊	15,000원
36 禪宗과 中國文化	葛兆光 / 鄭相泓·任炳權	8,000원
37 오페라의 역사	L. 오레이 / 류연희	12,000원
38 인도종교미술	A. 무케르지 / 崔炳植	14,000원
39 힌두교 그림언어	안넬리제 外 / 全在星	9,000원
40 중국고대사회	許進雄 / 洪 熹	22,000원
41 중국문화개론	李宗桂 / 李宰碩	15,000원
42 龍鳳文化源流	王大有 / 林東錫	17,000원
43 甲骨學通論	王宇信 / 李宰錫	근간
44 朝鮮巫俗考	李能和 / 李在崑	12,000원
45 미술과 페미니즘	N. 부루드 外 / 扈承喜	9,000원
46 아프리카미술	P. 윌레뜨 / 崔炳植	10,000원

47	美의 歷程	李澤厚 / 尹壽榮	15,000원
48	曼茶羅의 神들	立川武藏 / 金龜山	10,000원
49	朝鮮歲時記	洪錫謨 外/李錫浩	30,000원
50	하 상	蘇曉康 外 / 洪 熹	8,000원
51	武藝圖譜通志 實技解題	正 祖 / 沈雨晟·金光錫	15,000원
52	古文字學 첫걸음	李學勤 / 河永三	9,000원
53	體育美學	胡小明 / 閔永淑	10,000원
54	아시아 美術의 再發見	崔炳植	9,000원
55	曆과 占의 科學	永田久 / 沈雨晟	8,000원
56	中國小學史	胡奇光 / 李宰碩	20,000원
57	中國甲骨學史	吳浩坤 外 / 梁東淑	근간
58	꿈의 철학	劉文英 / 河永三	15,000원
59	女神들의 인도	立川武藏 / 金龜山	13,000원
60	性의 역사	J. L. 플랑드렝 / 편집부	18,000원
61	쉬르섹슈얼리티	W. 챠드윅 / 편집부	10,000원
62	여성속담사전	宋在璇	18,000원
63	박재서희곡선	朴栽緒	10,000원
64	東北民族源流	孫進己 / 林東錫	13,000원
65	朝鮮巫俗의 研究 (상·하)	赤松智城·秋葉隆 / 沈雨晟	28,000원
66	中國文學 속의 孤獨感	斯波六郎 / 尹壽榮	8,000원
67	한국사회주의 연극운동사	李康列	8,000원
68	스포츠 인류학	K. 블랑챠드 外 / 박기동 外	12,000원
69	리조복식도감	리팔찬	10,000원
70	娼 婦	A. 꼬르벵 / 李宗旼	20,000원
71	조선민요연구	高晶玉	30,000원
72	楚文化史	張正明	근간
73	시간 욕망 공포	A. 꼬르벵	근간
74	本國劍	金光錫	40,000원
75	노트와 반노트	E. 이오네스코 / 박형섭	8,000원
76	朝鮮美術史研究	尹喜淳	7,000원
77	拳法要訣	金光錫	10,000원
78	艸衣選集	艸衣意恂 / 林鍾旭	14,000원
79	漢語音韻學講義	董少文 / 林東錫	10,000원
80	이오네스코 연극미학	C. 위베르 / 박형섭	9,000원
81	중국문자훈고학사전	全廣鎭 편역	15,000원
82	상말속담사전	宋在璇	10,000원
83	書法論叢	沈尹默 / 郭魯鳳	8,000원
84	침실의 문화사	P. 디비 / 편집부	9,000원

85	禮의 精神	柳肅 / 洪熹	10,000원
86	조선공예개관	日本民芸協會 편 / 沈雨晟	30,000원
87	性愛의 社會史	J. 솔레 / 李宗旼	12,000원
88	러시아 미술사	A. I 조토프 / 이건수	16,000원
89	中國書藝論文選	郭魯鳳 選譯	18,000원
90	朝鮮美術史	關野貞	근간
91	美術版 탄트라	P. 로슨 / 편집부	8,000원
92	군달리니	A. 무케르지 / 편집부	9,000원
93	카마수트라	바쨔야나 / 鄭泰爀	10,000원
94	중국언어학총론	J. 노먼 / 全廣鎭	18,000원
95	運氣學說	任應秋 / 李宰碩	8,000원
96	동물속담사전	宋在璇	20,000원
97	자본주의의 아비투스	P. 부르디외 / 최종철	6,000원
98	宗敎學入門	F. 막스 뮐러 / 金龜山	10,000원
99	변 화	P. 바츨라빅크 外 / 박인철	10,000원
100	우리나라 민속놀이	沈雨晟	15,000원
101	歌 訣	李宰碩 편역	20,000원
102	아니마와 아니무스	A. 융 / 박해순	8,000원
103	나, 너, 우리	L. 이리가라이 / 박정오	10,000원
104	베케트 연극론	M. 푸크레 / 박형섭	8,000원
105	포르노그래피	A. 드워킨 / 유혜련	12,000원
106	셸 링	M. 하이데거 / 최상욱	12,000원
107	프랑수아 비용	宋勉	18,000원
108	중국서예 80제	郭魯鳳 편역	16,000원
109	性과 미디어	W. B. 키 / 박해순	12,000원
110	中國正史朝鮮列國傳 (전2권)	金聲九 편역	120,000원
111	질병의 기원	T. 매큐언 / 서일 · 박종연	12,000원
112	과학과 젠더	E. F. 켈러 / 민경숙 · 이현주	10,000원
113	물질문명 · 경제 · 자본주의	F. 브로델 / 이문숙 外	절판
114	이탈리아인 태고의 지혜	G. 비코 / 李源斗	8,000원
115	中國武俠史	陳山 / 姜鳳求	12,000원
116	공포의 권력	J. 크리스테바 / 서민원	근간
117	주색잡기속담사전	宋在璇	15,000원
118	죽음 앞에 선 인간 (상 · 하)	P. 아리에스 / 劉仙子	각권 8,000원
119	철학에 관하여	L. 알튀세르 / 서관모 · 백승욱	10,000원
120	다른 곳	J. 데리다 / 김다은 · 이혜지	8,000원
121	문학비평방법론	D. 베르제 外 / 민혜숙	12,000원
122	자기의 테크놀로지	M. 푸코 / 이희원	12,000원

123 새로운 학문　　　　　　　　G. 비코 / 李源斗　　　　　　　　　22,000원
124 천재와 광기　　　　　　　　P. 브르노 / 김웅권　　　　　　　　13,000원
125 중국은사문화　　　　　　　馬　華·陳正宏 / 강경범·천현경　　12,000원
126 푸코와 페미니즘　　　　　　C. 라마자노글루 外 / 최 영 外　　16,000원
127 역사주의　　　　　　　　　P. 해밀턴 / 임옥희　　　　　　　　12,000원
128 中國書藝美學　　　　　　　宋 民 / 郭魯鳳　　　　　　　　　　16,000원
129 죽음의 역사　　　　　　　　P. 아리에스 / 이종민　　　　　　　13,000원
130 돈속담사전　　　　　　　　宋在璇 편 1　　　　　　　　　　　5,000원
131 동양극장과 연극인들　　　　김영무　　　　　　　　　　　　　15,000원
132 生育神과 性巫術　　　　　　宋兆麟 / 洪 熹　　　　　　　　　20,000원
133 미학의 핵심　　　　　　　　M. M. 이턴 / 유호전　　　　　　　14,000원
134 전사와 농민　　　　　　　　J. 뒤비 / 최생열　　　　　　　　　18,000원
135 여성의 상태　　　　　　　　N. 에니크 / 서민원　　　　　　　　　근간
136 중세의 지식인들　　　　　　J. 르 고프 / 최애리　　　　　　　　18,000원
137 구조주의의 역사(전4권)　　　F. 도스 / 이봉지 外　　　　각권 13,000원
138 글쓰기의 문제해결전략　　　L. 플라워 / 원진숙·황정현　　　　18,000원
139 음식속담사전　　　　　　　宋在璇 편　　　　　　　　　　　16,000원
140 고전수필개론　　　　　　　權 瑚　　　　　　　　　　　　　16,000원
141 예술의 규칙　　　　　　　　P. 부르디외 / 하태환　　　　　　　23,000원
142 사회를 보호해야 한다　　　　M. 푸코 / 박정자　　　　　　　　16,000원
143 페미니즘사전　　　　　　　L. 터틀 / 호승희　　　　　　　　26,000원
144 여성심벌사전　　　　　　　B. G. 워커 / 편집부　　　　　　　　근간

【롤랑 바르트 전집】

▨ 현대의 신화　　　　　이화여대 기호학 연구소 옮김　　　15,000원
▨ 모드의 체계　　　　　이화여대 기호학 연구소 옮김　　　18,000원
▨ 텍스트의 즐거움　　　김희영 옮김　　　　　　　　　　　10,000원
▨ 라신에 관하여　　　　남수인 옮김　　　　　　　　　　　10,000원

【기 타】

■ 甲骨文合集 (전10권)　　　　　　　　　　　　　　　　　60만원
■ 古陶文字徵　　　　　　　高 明·葛英會　　　　　　　　20,000원
■ 古文字類編　　　　　　　高 明　　　　　　　　　　　　24,000원
■ 金文編　　　　　　　　　容 庚　　　　　　　　　　　　36,000원
■ 隸字編　　　　　　　　　洪鈞陶　　　　　　　　　　　　40,000원
■ 古文字學論集 (第一輯)　　中國古文字學會 편　　　　　　　12,000원
■ 경제적 공포　　　　　　　V. 포레스테 / 김주경　　　　　　　7,000원
■ 서기 1000년과 서기 2000년　J. 뒤비 / 양영란　　　　　　　　8,000원

그 두려움의 흔적들
■ 미래를 원한다　　　　　　　J. D. 로스네 / 문 선·김덕희　　　　8,500원
■ 밀레니엄 버그　　　　　　　S. 리브·C. 맥기 / 편집부　　　　　8,000원
■ 잠수복과 나비　　　　　　　J. D. 보비 / 양영란　　　　　　　6,000원
■ 原本 武藝圖譜通志　　　　　正祖 命撰　　　　　　　　　　　60,000원
■ 테오의 여행(전5권)　　　　　C. 클레망 / 양영란　　　　　　각권 6,000원
■ 딸에게 들려 주는 작은 철학 R. 시몬 셰퍼 / 안상원　　　　　　7,000원

【完譯詳註 漢典大系】

1	說　苑·上	林東錫 譯註	30,000원
2	說　苑·下	林東錫 譯註	30,000원
4	晏子春秋	林東錫 譯註	30,000원
14	西京雜記	林東錫 譯註	20,000원
16	搜神記·上	林東錫 譯註	30,000원
17	搜神記·下	林東錫 譯註	30,000원

【한글고전총서】

1	설원·상	임동석 옮김	7,000원
2	설원·중	임동석 옮김	7,000원
3	설원·하	임동석 옮김	7,000원
4	안자춘추	임동석 옮김	8,000원
5	수신기·상	임동석 옮김	8,000원
6	수신기·하	임동석 옮김	8,000원

【통신판매】 가까운 서점에서 小社의 책을 구입하기 어려운 분은 국민은행 (006-21-0567-061 : 신성대)으로 책값을 송금하신 후 전화 또는 우편으로 주소를 알려 주시면 책을 보내 드립니다. (보통등기, 송료 출판사 부담)

세상 끝까지 따라가는 엄청난 즐거움

세계를 모르면 아무리 넓어도 할 일이 없다

소설로 읽는 세계의 종교와 문명

테오의 여행

카트린 클레망 지음 · 양영란 옮김

東文選　現代新書 18

청소년을 위한 철학 교실

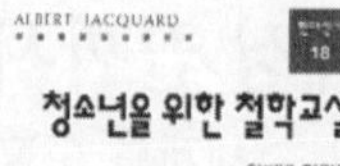

알베르 자카르[지음]

장혜영[옮김]

"무엇을 질문하고 어떻게 대답할 것인가?"

철학은 끊임없는 질문과 답변 가운데에 있다. 질문은 진리에 대한 탐색이요, 답변은 존재와 세계에 대한 해석이다. 우리는 철학을 통해 존재의 근원에 이른다. 이 책은 프랑스 알비의 라스콜고등학교 철학교사인 위게트 플라네스와 철학자 알베르 자카르 사이의 철학 대담으로 철학적 질문과 답변의 과정을 명쾌히 보여 준다.

이 책에는 타인 · 우애 · 정의 등 30개의 항목에 대한 철학자의 통찰이 간결하게 살아 있다. 철학교사가 사르트르의 유명한 구절, 즉 "지옥, 그것은 바로 타인이다"에 대해 반박을 요청하자, 저자는 그 인물이 천국에 들어갔다면 그는 틀림없이 "천국, 그것은 바로 타인이다"라고 이야기했을 것이라고 답한다. 결국 타인들은 우리의 지옥이 아니며, 그들이 우리와의 관계를 받아들이려 하지 않을 때 지옥을 만들어 낸다고 말한다.

그렇다면 행복에 대해 이 철학자는 어떻게 답할까? "나에게 행복이란 타인들의 시선 안에서 스스로를 아름답다고 느끼는 것입니다"는 것이 그의 답변이다. 이 책은 막연한 것들에 대해 명징한 질문과 성찰로 우리가 새로운 질문을 던지고, 스스로 그 답을 찾을 수 있는 실마리를 제공한다. ──출판저널──

미래를 원한다

프랙탈 구조로 씌어진 미래 여행 안내서

조엘 드 로스네[著]

김덕희 + 문 선[譯]

미래는 이렇게 준비되어 있다. 앉아서 기다릴 것인가, 창조해 나갈 것인가? 그리고 우리는 무엇을 준비해야 할 것인가?

정치가들은 10년을 마치 영원한 것처럼 보고 있다. 그들이 말하는 미래는 주로 다음 선거기간에 초점이 맞추어져 있다. 그린 그들에게 우리의 미래를 맡길 수는 없다. 오랫동안 신비한 미래의 지평선처럼 여겨왔던 2000년은 이제 진부한 것이 되어 버렸다. 2100년조차도 현재 진행중인 사업운영적 측면에서 거의 흥미를 끌지 못한다. 다시 말해 100년 앞을 내다보아도 결코 충분치 않다는 말이다.

미국 MIT대학 교수 및 프랑스 파스퇴르 연구소 응용연구원을 역임한 바 있으며, 현재 프랑스 과학산업단지 국제협력관계 임원인 조엘 드 로스네 박사의 2000년대에 대한 고찰은 과학과 기술 분야를 넘어선다. 그는 미래 세계에 필요한 새로운 정치적·경제적·환경적·문화적 접근을 해보인다. 보다 정당하고 보다 공평한 사회를 건설하기 위해 미래의 학교와 언론·산업은 어떻게 구상되어야 하는가?

지금의 청소년들의 미래는 어떤 모습이며, 무엇을 가르치고 준비시켜야 할까? 미래 세계를 향한 흥미진진한 여행 안내서로서 미래를 꿈꾸는 자라면 반드시 읽어야 할 필독서!

【주요 내용】

- 새로운 생명기능 출현
- 프랙탈 시간, 프랙탈 지식
- 카오스의 언저리
- 가이아와 사이바이온트의 공생
- 마법의 수정구슬
- 다섯번째 패러다임

- 배운다는 깃은 제거한다는 것이다
- 기생경제, 빅 브라더, 전자마약
- 가상현실 : 복제와 편재성
- 역마케팅과 선별마케팅
- 미래의 정부, 미래의 언론
- 지능적 기업, 가상기업

현대신서 11 : 옥스퍼드대학 철학입문

우리는 무엇을 아는가

토머스 나겔

오영미 [옮김]

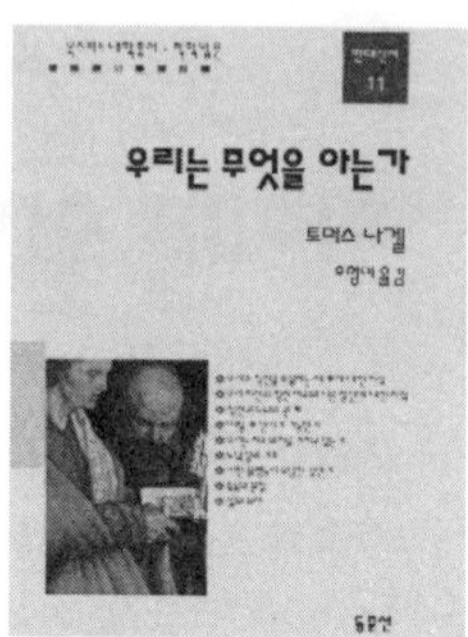

보통 사람들에게 철학의 어려운 질문들이 문제시되어야 하는가? 저자는 왜 철학의 문제들이 수세기에 걸쳐 끊임없이 사상가들을 매료시키고, 또 당혹케 해왔는지를 생생하고 이해하기 쉬운 산문체의 글을 통해 밝힘으로써 그 문제들을 새롭게 조명한다.

철학에 대해 배우는 가장 좋은 방법은 그 문제와 정면으로 부딪히는 것이라고 주장하면서, 그는 우리가 스스로에게 던질 수 있는 가장 중요한 몇 가지 질문들을 시작한다. 우리는 진정으로 자유 의지를 가질 수 있는가? 우리는 왜 도덕적이어야 하는가? 우리의 정신과 두뇌 사이에는 어떤 관계가 있는가? 사후에 삶이 존재하는가? 우리는 죽음에 대해 어떻게 느껴야 하는가? 수십억 광년의 거리를 가진 거대한 우주에서 우리가 살아가면서 행하는 어떤 것이 정말로 중요한가? 만약 그게 중요하지 않다면, 중요하지 않다는 그 사실이 또 문제가 되는가? 이러한 것들은 우리가 인간의 상황에 대해 던지는 영원한 질문들이며 나겔은 그것들을, 그리고 그와 유사한 다른 문제들을 사려 깊고 분명하게 그러면서도 유머를 가지고 탐구한다. 그는 자신의 의견을 자유롭게 토로하지만, 언제나 스스로 사고하도록 독자들을 격려함으로써 독자들이 다른 해답을 찾을 수 있는 여지를 남겨두는 참신함과 겸손을 잃지 않는다.

역(曆)과 점(占)의 과학

永田 久[지음]

沈雨晟[옮김]

달력이란 무엇일까?

자연의 법칙을 추구하는 마음을 가지고 '때'를 이해하기 위한 노력은 인류의 역사와 함께 오늘에 이르고 있다. 이리하여 천문(天文)·신화·민속·종교 등이 혼재되어 있는 인류의 지혜의 결정체로서 역(曆)이 만들어졌음을 알 수 있다.

역은 수(數)로써 연결되어 있다. 수와 수가 결합된 것을 논리라 하고, 이 논리를 천문이나 민속 쪽에서 정리한 것이 역이다.

이 수와 논리가 과학의 세계로부터 인간의 마음의 세계로 이어지면서 때의 흐름에 생명을 부여할 때, 역은 점(占)으로의 가교역이 되는 것이라 생각된다. 그러니까 역의 수리(數理)에 접착시킨 꿈과 상념이 우리들 앞에 나타나는 것이다.

역이 존재하고 있는 곳에 반드시 점이 있다. 과학으로서의 역으로부터 비과학으로서의 점이 생겨난다. 바로 이것이 인류가 살아온 실제의 모습이 아니었을까.

이 책은 고대의 역으로부터 현재의 그레고리오력에 이르기까지를 더듬어, 시간을 나누는 달(月)과 주(週)의 주변을 탐색하면서, 팔괘(八卦)·간지(干支)·구성술(九星術)·점성술(占星術) 등의 구조를 수(數)에 의해 밝혀 보고자 하였다.

【주요 목차】

- 시간을 나누다
- 달과 혹성을 둘러싸고
- 성수(聖數) '7'의 신화
- 1주간의 요일명(曜日名)
- 옛날 유럽의 달력
- '그레고리오력'이 완성되기까지
- 자연력(自然曆) ── 24절기
- '음양오행설'의 원리
- 간지(干支)와 성수(聖數)의 논리
- 80진법의 세계
- 팔괘(八卦)의 논리
- 구성술(九星術)의 논리

東文選 文藝新書 124

천재와 광기

—— 미술과 음악, 그리고 문학에서

P. 브르노 [著]   김웅권 [譯]

　범인들은 예외적 인물, 비범한 인물, 즉 천재를 꿈꾸지만 천재가 짊어져야 할 고통에 대해서 생각해 보는 경우는 드물다. 그들 대부분은 안정을 파괴하는 변화를 두려워하고, 기존 질서와 가치체계에 순응하며 길들여진 대로 살아간다. 그러면서 동시에 주어진 삶의 틀을 부수고, 세계의 변혁과 역사 창조의 주역이 되는 천재를 꿈꾸는 모순된 욕망을 드러낸다. 하기야 인간 존재 자체가 모순 덩어리가 아니던가.

　『천재는 모든 사람들을 닮아 있지만, 아무도 그를 닮을 수 없다』고 저자는 말하고 있다. 천재는 그만이 가지고 있는 특별하고 독창적인 자질을 범인들은 가질 수 없기에 아무도 그를 닮을 수 없는 것이다. 이 비범한 자질이 그로 하여금 몸담고 있는 사회에 반항하게 하며 새로운 세계를 꿈꾸게 한다. 그러나 그것은 또한 그를 사회로부터 소외시켜 고통을 안겨 주고 광기를 부추긴다. 천재는 기존의 세계로부터 단절되지 않을 수 없으며, 단절은 광기를 부르고, 광기는 그를 병적 상태로 몰고 간다. 여기에서 해방되기 위해 그는 작품을 창조하는 산고(産苦)의 세월을 보내야 하는 것이다. 일반적으로 그의 운명은 예술 분야에서, 특히 언어예술 분야에서 비극적인 경우가 많으며, 이 비극의 중심에 광기의 그림자가 드리워져 있다.

　광기, 그것은 천재의 필연적 속성인가? 정신과 의사이자 인류학자인 저자는, 이런 근본적인 질문에 대해 다양한 관련 테마들을 유기적으로 연결시키면서 접근하고 있다. 그는 천재들에 대한 존경과 따뜻한 애정을 가지고 예술작품이 지닌 신비성의 한계에 도전하면서도, 이것이 결국에는 신비로 남아 있음을 인정한다. 만약 어떤 예술작품이 하나의 도식적인 해석에 의해 완전히 파헤쳐진다면, 그것의 가치는 금방 추락의 길을 내달릴 수밖에 없을 것이다. 그것이 커다란 신비로 남아 있을 때, 그것의 위대성은 지속적으로 독자의 마음에 울려 온다.